Dominique Poncet
ou
la noblesse de défendre

Du même auteur :

Meurtres à Genève, Histoires vraies, 1990, Slatkine
La Secrète a 100 ans, ouvrage historique, 1993, Éditions Nemo, Genève
Le Pendu de la Treille, roman policier, 1997, Luce Wilquin, Belgique
Café-Crime à Champel, roman policier, 1998, Luce Wilquin, Belgique
Fric en vrac à Carouge, roman policier, 1999, Luce Wilquin, Belgique
Casting aux Grottes, roman policier, 2000, Luce Wilquin, Belgique
Les Eaux-Vives en trompe l'œil, roman policier, 2002, Luce Wilquin, Belgique
Les Degrés-de-Poules, roman policier, 2003, Luce Wilquin, Belgique
Bain fatal aux Pâquis, roman policier, 2005, Luce Wilquin, Belgique
Monsieur Chose et le collectionneur de mots, 2005, Slatkine Jeunesse
Les larmes de Saint-Gervais, roman policier, 2006, Luce Wilquin, Belgique

Corinne Jaquet

Dominique Poncet
ou
la noblesse de défendre

Éditions Slatkine
GENÈVE
2006

www.slatkine.com

ISBN 2-8321-0255-7 ISBN 978-2-8321-0255-8

On ne peut pas faire mieux que les autres,
si on fait comme les autres.

Dominique Poncet

PRÉFACE DU BÂTONNIER MARC BONNANT

Le Barreau, notre Royaume, a ses gueux, ses manants, ses princes.

Et Me Dominique Poncet qui a régné pendant plus de cinquante ans et qui règne encore par le souvenir de tous et le culte fervent de quelques-uns.

Avocat flamboyant, immense figure, la dernière peut-être, d'un Barreau qui bientôt ne sera plus et qui, pourtant, est le seul qui importe.

Celui de la Défense, du combat inlassable pour les libertés, des affrontements chevaleresques, de la parole et du palais.

Celui des mots et des hommes.

* *
*

L'amour des mots, Dominique l'éprouvait au plus haut point qui savait que l'on recrée le monde en le nommant.

Certains avocats lisent les orateurs attiques et Quintilien dans le texte ; d'autres ne lisent que la jurisprudence du Tribunal fédéral.

Cas unique ou presque, Dominique faisait et l'un et l'autre avec, je l'espère, un plaisir inégal.

Je dois à Éliane, Mme Dominique Poncet, sans l'amour et la force de laquelle le grand homme eût été moins accompli, d'avoir pu parcourir sa bibliothèque. Non sa bibliothèque juridique – il n'est de champ du droit que le Professeur n'ait exploré à sa manière, en le labourant – mais celle de l'honnête homme.

Tout s'y trouvait, les traités de rhétorique et la Vie des hommes illustres ; l'œuvre de Chateaubriand et celle de Céline. Des milliers de livres encore.

Le talent de l'incomparable plaideur que fut Dominique était fécondé par la fréquentation quotidienne du génie des autres.

Un littéraire, familier des arts. L'avocat tel qu'il devrait être, le dernier avatar du prêtre ou du sage, du philosophe, de l'érudit.

Le modèle cicéronien.

* *
*

Les mots, disais-je, mais aussi les hommes. Humanités et humanité.

Dominique aimait les hommes à sa manière, pudique et réservée. L'on n'est pas avocat sans vivre cette passion inutile.

Parfois, le Maître feignait le cynisme, prétendait ne pas être affecté par l'échec (très rare et ce n'était pas vraiment perdre que de perdre avec lui), par l'ingratitude de certains, par la cécité – pure hypothèse – des juges.

Mais, se dire indemne n'est jamais que vouloir l'être, abolir le temps de l'amertume qui détourne des nouveaux combats.

Quoi qu'il ait dit ou voulu donner à croire, Dominique ressentait jusques à l'angoisse et parfois la douleur les aléas et les cahots des vies dont il prenait la charge.

A qui le consultait, le Professeur ne donnait pas que des conseils. Il faisait bien plus: il le portait, l'emportait, faisant avec lui, surtout par grand vent, la traversée jusqu'au port possible.

Corinne Jaquet raconte ici quelques-unes de ces traversées et il y en a eu tant.

* *
*

Le bruire d'une querelle des Anciens et des Modernes...

Demain certains, épris de modernité, récuseront peut-être ce modèle nourricier et répudieront jusques à l'héritage de notre monde hélas révolu.

Le passé manque d'avenir.

Venus d'ailleurs ou du futur, ces avocats nouveaux ne pratiqueront ni l'admiration, qui est une des rares formes heureuses de l'amour, ni le rêve qu'ils ne sauraient susciter.

Des âmes grises.

Concrets et sans passion, égaux et égalitaires, ils s'agrègeront en des ensembles improbables. Ils seront en réseaux, peut-être même en société anonyme.

Ils auront plus d'ambition que d'idéal, plus d'appétits que de désir, traiteront des dossiers faute de défendre des causes.

Des commerçants ordinaires.

Economes de leurs efforts et heureux de leurs loisirs. La retraite sera leur horizon indépassable. Dominique Poncet, lui, toute douleur jugulée, plaidait, superbement comme toujours, quarante-huit heures avant sa mort.

Ils rompront avec l'universel. Ils se diront spécialistes (Dominique n'avait qu'une seule spécialisation : l'intelligence et son souffle) ou encore techniciens du droit (Lui en était l'artiste).

Ils sont l'avenir, m'assure-t-on.

Nos lendemains ne chanteront donc pas. Ni même ne fredonneront.

Que les Anciens leur disent qui était Dominique Poncet, le fleuron, l'orgueil et l'honneur de notre Barreau.

Merci donc à la Commission de droit pénal, que le Professore a animé pendant des décennies, d'avoir suscité ce livre que je préface, nostalgique, et merci à Corinne Jaquet, à qui Dominique portait estime et amitié, de l'avoir écrit.

Une évocation, un spicilège de propos aimants et de témoignages de gratitude.

* *
*

Être, et même devenir, ce n'est pas grand-chose disait-il. Se maintenir, là est l'essentiel. Ce par quoi Dominique disait qu'il n'y a vraiment de grand dans ce métier que le travail, l'exigence et l'effort.

Pendant cinquante ans, il sortit à cinq heures... du matin et ne rentra qu'à l'heure où les autres dorment ou s'abîment dans l'insignifiance. Cette énergie a été son ascèse.

Ainsi, il s'est maintenu sur les cimes. Sa place solitaire et naturelle.

Dominique Poncet a des héritiers, des successeurs. Il a eu des élèves et même des disciples. Tous de belles incarnations de l'avocat, ne serait-ce que par mimétisme.

Mais personne ne prendra sa place, ni se hasarderait à le tenter.

En tout, Dominique est l'inaccessible exemple.

Demain comme hier, notre étoile polaire.

portrait

Dominique Poncet: cinquante ans au barreau

S'il ne nous reçoit pas dans son bureau, il nous fait l'honneur de nous le montrer. L'antre de Dominique Poncet est plutôt vaste, envahi de serviettes en cuir béantes, plus ou moins remplies de dossiers, posées à même le sol. Un spectacle qui laisse croire à un déménagement.

Il faut dire que notre hôte fêtait son 72e anniversaire le jour de notre visite. Ce serait pour quiconque une raison valable d'aller couler des jours tranquilles à la campagne

de mort. Il obtient sa licence en droit en 1951. Son père Jean Poncet meurt dix ans

Le Nouveau Libéral
13 septembre 2001

«LE GOÛT DE LA DÉFENSE, C'EST CELA QUI A FAIT DE MOI UN AVOCAT.»

Et l'exemple de Dominique Poncet, c'est cela qui a fait de nombreux autres avocats.

«Dominique ne laisse pas une trace, mais un sillon» dit le bâtonnier Marc Bonnant. «Nous sommes cent, mille à être avocats parce que Dominique Poncet l'était. Parce que nous l'avons rencontré. Dominique désignait une voie – toujours les chemins escarpés – simplement en étant. Nous ne vivions pas le découragement ou la fatigue parce que lui ne les vivait pas. Nous acquérions une certaine vision de l'avocat parce que lui l'avait. Une vision que ni le temps, ni les succès, ni les hommages innombrables n'ont corrompue. Qu'il était beau et roboratif de voir et d'entendre le Professeur travailler. L'admiration exauce et exhausse… celui qui admire.»

Dominique Poncet avait la passion de défendre. Il s'en faisait un devoir, une noblesse. Celle de rendre les hommes libres. En leur procurant surtout un traitement équitable.

«Je n'aurais pas de plaisir à plaider pour un révisionniste, même si je ne comprends pas qu'on ne le laisse pas s'exprimer, disait-il dans L'Hebdo en mars 2001. En revanche, j'aurais volontiers défendu Dutroux parce que personne ne veut le défendre.»

Le professeur Poncet rejoignait dans cette thèse son confrère et ami Jacques Vergès. Les deux hommes avaient d'ailleurs, ensemble, provoqué un événement en prétendant reprendre la défense de Farinet et obtenir sa réhabilitation, en juillet 2000.

«C'est l'honneur de l'avocat, disait Dominique Poncet, d'accepter toutes les causes. Et plus le client est abominable, plus c'est honorable.» Parce que, ajoutait-il, l'avocat n'a pas à épouser la thèse de son client. Il doit l'exposer le mieux possible et permettre ainsi que la justice se fasse. «Ce qui compte, ce sont les preuves produites, les faits.» Faisant référence, en fin juriste, au droit anglo-saxon, il souligne qu'on n'entendra jamais un «barrister» dire «j'ai la conviction que...» Lui qui est susceptible de s'attacher un jour à la défense et le lendemain à l'accusation doit conserver avec la cause une distance faite de pièces du dossier et d'éléments probants. On se moque de son avis personnel, en quelque sorte...

«Je suis comme le chauffeur de taxi en tête de station» s'amusait souvent Me Poncet qui aimait les métaphores, «mon devoir est d'embarquer le client sauf en cas d'empêchement majeur.» S'il ne peut pas payer, par exemple? – Au contraire aurait répondu Me Poncet, qui a souvent travaillé gratuitement pour des clients aux revenus modestes: «C'est l'honneur et l'alibi de notre profession de ne jamais refuser une personne qui vient frapper chez nous, sauf s'il s'agit de quelqu'un qui PEUT payer, mais qui ne le VEUT pas!»

Dominique Poncet était viscéralement avocat, il était même son archétype, «un avocat emblématique» dirent Michel Hottelier et Alessandra Cambi Favre-Bulle dans un article in memoriam paru dans la Revue Trimestrielle des droits de l'homme. «C'est la passion du Barreau qui fut son moteur, l'amenant à pratiquer durant plus de cinquante ans avec un dévouement total, une imagination et un brio rarement égalés, veillant ainsi au quotidien au respect et à l'application des droits de la défense dans le procès pénal comme civil.»

Ce qui faisait de Dominique Poncet un avocat particulier, c'était cette faculté qu'il possédait de capter immédiatement l'entier d'un problème. Il avait, rappelle Philippe Neyroud, ce que les Anglo-Saxons dénomment «a theory of the case». Il voyait le fil conducteur d'un dossier, trouvait la faille, la bonne orientation ou l'argument qui ferait tout basculer. «Il possédait une extraordinaire maîtrise de l'environnement». En 1976, quand éclate – c'est le cas de le dire – l'affaire de Seveso, la procédure est terriblement compliquée, agrémentée de termes scientifiques et chimiques. «Après quelques heures de lecture, se souvient Philippe Neyroud,

Dominique Poncet avait assimilé une grande partie de la matière et voyait déjà où s'orienter!»

Sa faculté de documentaliste, sa grande capacité à tout vulgariser étaient précieuses pour les autres, mais avant tout pour lui-même. «Il voyait surtout toujours jusqu'où il fallait aller» complète le juge Jean Maye. «Ni excessif, ni acharné, il flairait la tournure que prenait le dossier et choisissait l'option la meilleure.»

Son habileté à saisir le problème, à trouver l'arme parfaite surprenait toujours: dans une affaire où l'on jugeait un douanier ayant tiré sur un fuyard et l'ayant abattu, il s'agissait de savoir si le fonctionnaire avait volontairement tué; Dominique Poncet, évitant l'affrontement direct, démontra que l'entraînement au tir des douaniers ne se faisait jamais sur cible mobile. Dès lors, on ne pouvait retenir contre le prévenu la volonté délibérée de tuer. L'avocat démontait ainsi la thèse de l'homicide volontaire et par là, la théorie de l'accusation. L'astuce était brillante.

Dominique Poncet illustrait totalement ce «confident nécessaire» que représente l'avocat. Au cours de ses obsèques, son grand ami le pasteur Henri Babel a donné une magnifique définition du défenseur. Il est celui qui est «ad vocatus», le «parakletos» appelé à assister l'autre, celui qui vient à vos côtés pour vous défendre, vous soutenir. «Dominique était ce modèle, il était celui qui aide, celui qui défend, celui qui argumente avec autorité.» Dominique, ajouta encore l'homme d'église, avait en plus reçu ce prénom qui lui donnait une souveraineté, faisait de lui le maître. Celui de la présence, de la parole et de l'action. Son talent était une valeur ajoutée à son travail. Dominique Poncet avait cette disposition aux autres, ce don merveilleux d'écouter. «Son rayonnement changeait l'ambiance de l'endroit dans lequel il arrivait» concluait Henri Babel.

«Dominique était avocat comme probablement on ne le sera plus» affirme Marc Bonnant. Dominique Poncet était naturellement avocat, oserait-on ajouter. Il avait atteint le rêve de Voltaire qui disait: «J'aurais voulu être avocat: c'est le plus bel état du monde».

«En 1961, nous quittions l'austère et sereine enceinte du Collège Calvin pour aller admirer Dominique Poncet dans l'un des plus grands procès d'assises de la République. Tel qu'en lui-même déjà : légèrement penché en avant, les mains ouvertes pour présenter l'évidence d'une défense dont il assumait toutes les difficultés, les forces et les faiblesses, avec un immense talent, le regard brillant, attentif de tous les instants, de tous les mots, de tous les gestes. Rien n'échappait pour sa défense.»

Christian-Nils Robert, Études en l'honneur de Dominique Poncet, Georg, 1994.

AFFAIRE BAUER

Le «coolie» et la femme-enfant

Un soir de novembre 1957, dans son jardin de la rue de Lyon, quartier des Délices, Léon Geisser, petit entrepreneur au porte-monnaie bien garni, est assassiné à coups de matraque et de poignard. On crie immédiatement au crime crapuleux: sans doute est-ce là l'œuvre d'un employé éconduit ou la revanche d'un concurrent dépité. Il faudra plusieurs mois aux enquêteurs pour trouver le coupable où on ne le cherchait pas, si près du mort que cela fait l'effet d'une bombe. La fille et le beau fils de Geisser sont interpellés au printemps 1959. Il avoue rapidement, elle niera jusqu'au bout. Ils s'appellent Richard et Josette Bauer. Leurs noms viennent d'entrer dans l'histoire judiciaire et s'inscriront à jamais parmi les patronymes qui ont le plus fasciné la mémoire des Genevois, avec celui de Maria Popesco ou du bâtonnier Pierre Jaccoud.

Le dossier contenait tous les aspects d'un merveilleux polar. Josette Geisser a grandi dans un foyer désuni et ronge son frein dans une école de dactylos en attendant son heure. Elle est ravissante. Son destin est supérieur, elle en est convaincue. Mais elle sait déjà que pour atteindre le monde qu'elle vise il lui faudra franchir des paliers. Elle a de l'ambition comme d'autres ont du talent. C'est plus fort qu'elle. Reste à trouver l'instrument de sa conquête.

Quand elle croise Richard, surnommé Dicky par ses proches, dans une soirée d'étudiants, elle porte son dévolu sur lui. Non pas parce qu'il lui plaît, mais parce que plus encore que les autres garçons, il la dévore des yeux. L'instinct de Josette est en éveil. La proie est parfaite.

Elle laisse croire au gentil Dicky qu'il a fait le choix de la séduire. Ce dont il ne revient pas lui-même d'être parvenu à faire! Lui, le timide, un peu sourd et légèrement bégayant, lui sur lequel les filles ne se retournent même pas, le voilà se baladant au bras d'une beauté que tous les autres désirent. Contre l'avis de leurs familles, Richard et Josette convolent. Il a 20 ans, elle en a 17. Ils partent en scooter à Venise, comme beaucoup de jeunes mariés. C'est un couple modeste, heureux. Très rapidement, la naissance d'une petite fille vient agrémenter la mélodie du bonheur.

Mais le disque s'enraye vite. Un seul homme ne suffit pas aux appétits de Josette. Elle trompe son mari. Il pardonne. Mais elle ne se résigne pas à une vie étriquée. Ses rêves se situent plus haut. Elle aime tout ce qui brille: champagne, voitures de sport, bijoux, etc. Dicky comprend très vite que s'il veut la garder, il lui faut céder à tous ses caprices. Par chance, si l'on peut dire, le père de Richard décède en lui laissant un petit pactole.

Plusieurs spécialistes en psychologie sont venus dire que Josette n'aurait jamais quitté son mari, qu'il représentait une stabilité qu'elle n'avait jamais connue et que leur foyer, autour de cette petite fille est son attache la plus profonde. Sur le moment, Richard n'a pas la capacité – qui l'aurait eue? – de conduire cette réflexion. Il voit seulement sa femme s'éloigner. Elle est tout pour lui. Éblouissante comme au premier jour.

Il ferme alors les yeux sur les infidélités à répétitions, même lorsqu'il s'agit de son meilleur ami, et il offre – maintenant qu'il en a les moyens –, il invite, il dilapide très rapidement le patrimoine de sa famille. Un jour, il n'a plus de sous. Il faut trouver une autre source. «L'argent, expliquera-t-il plus tard, me donnait une importance que les autres n'avaient pas.»

Léon Geisser, qui déteste son gendre, a toujours refusé de financer le couple. Il a même été jusqu'à menacer sa fille de la déshériter. Pourtant, l'homme a de gros moyens. Richard n'hésite pas très longtemps: Geisser mort, ils seraient à la tête d'une fortune qui étancherait la soif de luxe de Josette et les mettrait certainement à l'abri du divorce.

C'est à ce moment que commence l'affaire Bauer. Parce que même si Richard n'a jamais voulu mettre en cause sa femme, on ne peut

Chacun pour soi... (Collection privée)

écarter l'hypothèse qu'elle ait été au courant de son projet. Il achète des armes à Marseille. Il se planque dans le jardin de Léon Geisser et tue.

Pendant ce temps, Josette se love dans les bras d'un ami de Richard. Ultime affront, provocation supplémentaire ou alibi concocté par le couple? C'est ce point que les juges devront trancher. Parce que le meurtre est avoué. C'est uniquement la complicité de Josette qui est en discussion.

La belle s'offre un des meilleurs défenseurs de Genève, Me Roland Steiner, ainsi que les services d'une avocate, Me Janine Didisheim. Elle veut sortir d'ici, quitter Richard, cette fois définitivement. Elle veut tout simplement VIVRE. Le moins que l'on puisse dire, c'est que Josette Bauer a été constante. L'avenir, la folle existence qui suivra, viendront démontrer qu'elle a toujours eu cette obsession de liberté. Dans son regard, devant la Cour d'assises, on peut lire à la

L'heure de la sentence (Collection privée)

fois la détresse d'affronter un univers inconnu et la détermination de le quitter au plus vite. Et tant pis pour les dégâts qu'elle laisserait sur sa route.

L'affaire Bauer, c'est elle. La méchante, c'est elle. La «sale bête», comme on le dira plus d'une fois dans la salle pendant le jugement, c'est elle.

L'ouverture des Assises a lieu un doux mardi du mois d'octobre 1961. Après deux ans et demi à Saint-Antoine, le couple maudit qui donnait de fastueuses soirées aux Délices a très nettement pâli. Dans sa robe de prisonnière, dans son petit manteau étriqué, Josette n'impressionne plus personne. Enfin, tant qu'elle ne vous regarde pas.

Dicky, lui, s'est fait une coupe de cheveux de bon garçon. La nuque dégagée, il garde la tête basse. Derrière lui, en jaquette sombre et cravate, le plus grand avocat du moment Me Raymond

Nicolet et celui qui deviendra à son tour l'exemple de toute une génération mais qui n'a, à ce moment, que 32 ans, Dominique Poncet.

Les bancs réservés à la presse sont trop petits. S'y entassent des journalistes suisses et français; les mêmes, parfois, qui avaient couvert le procès Jaccoud deux ans auparavant. «Conspiration diabolique!» «Nœud de vipères aux Délices!» «Du sang dans la haute société!» «Ils tuent le père et donnent un cocktail!» Tous ces titres ayant déjà fait la une et les manchettes des principaux quotidiens, que pourrait-on encore trouver pour allécher le lecteur? Il va falloir de l'imagination parce que l'essentiel du procès, lui, n'apporte pas grand-chose. À part un comique défilé d'experts en balais-brosses qui viennent aider l'accusation à prouver que la massue assassine avait été faite avec un balai provenant de chez les Bauer, à part l'exposé des experts psychiatres, on s'y serait presque ennuyé.

Les médecins qui ont examiné le caractère de la jeune femme la font apparaître sous un jour nouveau. Comme si notre focale, mal réglée au début de l'affaire prenait enfin ses justes repères et nous offrait une image plus nette: «Elle a 13 ans d'âge mental, et une personnalité infantile, disent les psychiatres. Ses facultés de discernement sont amoindries.»

La mante religieuse se mue en petite fille mal élevée!

Les mêmes spécialistes viennent dire que sa participation au crime est «psychologiquement» invraisemblable. Mais pourtant, elle n'a pu ignorer l'acte commis par Richard, parce qu'il lui en avait parlé avant, parce qu'elle pouvait percevoir qu'il n'était plus le même. Son immaturité l'a conduite à endosser spontanément sa complicité morale. Elle aide son mari à se forger des alibis. Elle le protège. Elle n'a surtout aucune vergogne à vivre avec l'argent du mort. C'est ce qui fait dire à certains que, sans cette «affaire», Josette n'aurait peut-être jamais quitté son époux.

D'ailleurs, plusieurs chroniqueurs se sont étonnés de voir le couple dialoguer lors de courtes interruptions d'audience. Ils ne sont pas l'un contre l'autre. Mais ils ne sont plus ensemble non plus. Ils siègent simplement l'un à côté de l'autre, comme la bonne équipe qu'ils avaient formée à leurs débuts. On s'attendait à de la haine entre eux, on ne trouve que de la distance, voire de l'indifférence.

Peut-être même cette absence d'acrimonie a-t-elle pesé dans la balance? Peut-être a-t-elle renforcé l'image de leur complicité?

Richard veut payer sa dette à la société, Josette se fiche pas mal de tout ça. Celui que son père avait tristement surnommé le «coolie» par référence à sa personnalité de suiveur, attend son sort avec résignation. Convaincu, sans doute, que le châtiment lavera la faute.

Deux mètres plus loin Josette, vif argent, ne vise que la porte de sortie. Insensible au mal provoqué, indifférente aux bien-pensants.

Le procureur Jean Eger, dont c'est la première grande affaire aux Assises, est convaincu de la complicité des amants terribles. Il le fera comprendre dès le début de son réquisitoire sur la culpabilité. «Dans cette affaire, par la décision de ce couple maudit, un homme a perdu la vie, ne l'oubliez pas, mesdames et messieurs les jurés.»

Le procureur général s'attarde sur l'existence de Richard et Josette Bauer. Il parle de la démission des parents de la jeune femme qui, dit-il, n'ont pas fait leur devoir. Et il décrit la vie folle dans laquelle le couple s'était engagé. En 1956, la valse des billets de mille commença. En 1957, on dépense environ 100'000 francs! Lorsque Bauer, à bout de ressources, tente de faire admettre à sa femme qu'il faut restreindre les dépenses, elle ne le comprend pas ou ne veut pas le comprendre. De là vient tout le mal.

Le procureur souligne l'influence que la jeune femme avait sur son mari. Lorsque naît l'idée du crime, elle feint de ne pas y croire. Elle le pousse ainsi par une sorte de défi vers l'acte qu'on lui reproche aujourd'hui.

«La vie qu'ils ont menée ne pouvait que les conduire tous les deux à une destruction totale de tout ce qui est sacré. Même à l'égard de leur enfant, ils ont des reproches à se faire!» L'affirmation fait bondir Josette. Imperturbable, M. Eger poursuit. Richard est coupable, sans l'ombre d'un doute. Josette devra aussi être condamnée, car le procureur est convaincu de sa participation psychologique au crime. Elle n'a pu ignorer sa préparation, elle a partagé le butin. «Après trois ans de mariage, Richard et Josette se sont jetés tête baissée dans la malhonnêteté, le mensonge, la tromperie et le désordre. Ils ont dépouillé leur mère et projeté la mort de leur père. Rien ne les a retenus, ni la religion, ni leurs familles… ni leur enfant!»

Unis dans le crime, ils doivent être unis dans le châtiment. «Je demande un verdict de justice, à la mesure du crime commis, à la mesure de la faute des accusés.»

Lorsqu'il plaidait avec des plus jeunes que lui, Dominique Poncet leur laissait souvent la parole en premier. C'est le protocole. Dans le procès Bauer, même s'il n'est déjà plus un inconnu, c'est encore lui le jeune premier. La parole lui est donc donnée.

«Je sais que Richard est coupable, et que vous le reconnaîtrez tel, mais je vous demande de considérer non seulement l'acte pour lequel il est devant vous, mais aussi comment il en est arrivé à commettre ce qui lui est aujourd'hui reproché.» Lorsque la culpabilité est évidente, l'avocat peut seulement l'atténuer, chercher à l'expliquer. Alors Me Poncet raconte la vie de Richard. Il dit la passion qui lui a fait arrêter ses études pour travailler, pour faire vivre sa famille. Il dit la frivolité de Josette – certes, le but n'est pas de l'accabler, Richard l'a bien demandé à ses avocats – qui délaisse sa maison pour courir le flirt. Pire même: elle tombe enceinte d'un amant iranien. On fait passer le bébé, on tire un trait. Josette semble revenir à de meilleurs sentiments. Tant et si bien que c'est de son mari qu'elle tombe enceinte cette fois, en 1955. Le destin est peut-être jaloux, qui provoque la fausse couche et un déclic dans la tête de Josette. Il n'y aura pas de deuxième enfant. Plus que jamais, elle s'éloigne des siens. Richard s'occupe de leur petite, fait le ménage, les repas, etc. Il est très fatigué, plus tellement tenté de la suivre dans ses virées nocturnes. La distance s'installe. Il souffre énormément. Josette suit un amant à Paris, un autre sur la Côte.

Richard en déduit alors que le seul moyen de reconquérir sa femme, c'est de dépenser de l'argent pour elle. On connaît la suite. «On est en plein délire, plaide Me Poncet. Richard perd le sens des réalités, le contrôle de lui-même. En 1958, il dilapide jusqu'à 120 000 francs dans l'année, dont quelque 21 000 pour le seul mois de janvier.»

Coupable, Richard Bauer l'est sans conteste. Mais sa défense tente de montrer qu'il peut encore se racheter. «Si j'ai pleinement conscience que Dicky est coupable et qu'on doit le punir, cet être n'est pas complètement perdu. Il y a en lui une possibilité de rachat et, quand il aura purgé sa peine, il y a deux personnes qui feront que sa vie n'aura pas été complètement ratée. Il y a [sa fille], qu'il aime, et il y a aussi sa mère, à laquelle il pourra porter dans ses vieux jours un peu de consolation.» C'est d'ailleurs par la lecture d'une lettre à cette dernière que le jeune avocat conclut sa plaidoirie.

Lorsque Dominique Poncet s'assied, la salle entière est sous le coup de l'émotion. Elle a à peine le temps de se reprendre avant LE grand moment que tous attendent: la plaidoirie de Me Nicolet. Pendant près de deux heures, le plaideur va déployer toute sa science. Il commence par un discours presque chuchotant, affirmant vouloir s'entretenir «en tête-à-tête avec les jurés»...

Il affirme que l'homme qu'il défend souhaite sa «mort civile», qu'il se «suicide judiciairement» afin que Josette puisse être libre. Il continue à la protéger. C'est pourquoi Richard aurait donné, pendant l'enquête, des explications qui ne tenaient pas debout. Me Nicolet ne détaille pas les contradictions, parce que son client ne veut en aucun cas mettre la Cour sur la voie du partage de la culpabilité. Sans doute quelqu'un l'a-t-il aidé à accomplir son forfait, mais il refusera jusqu'au bout de dénoncer l'évidence. Il l'aime au-delà du meurtre, au-delà de tout. Pourtant, si elle l'avait retenu, si elle lui avait dit de ne pas y aller, il n'aurait pas commis ce crime. Il pourrait lui en vouloir. On pourrait aussi penser qu'une fois arrêté, chacun essaie de s'en sortir séparément.

Une plaidoirie émouvante

«J'ai vu mentir pour échapper à la justice, j'ai vu mentir pour tenter de sortir de prison. Je n'ai jamais

vu mentir – jamais! – pour être coupable.» Cet homme-là, totalement assujetti à l'amour qu'il porte à sa femme ne peut pas être condamné comme ça, dit Me Nicolet. Il faut lui accorder des circonstances atténuantes. «Je vous propose celle de la détresse profonde. Je ne connais pas de détresse plus profonde que celle-là, je ne connais pas d'être ayant accepté tant d'humiliations. Vous rendrez un verdict d'honnêteté! Nous avons confiance en vous.»

Mes Didisheim et Steiner, eux, ont une lourde tâche. Mais ils ont déployé chacun tant d'habileté durant les interrogatoires qu'une bonne partie du travail est déjà faite. Janine Didisheim, ce jour-là, est la première femme à plaider en Cour d'assises. Elle développe surtout ses arguments autour de la psychologie féminine de Josette. Cette petite fille brinquebalée dès son plus jeune âge, qui n'a jamais connu la douceur d'un foyer uni ou la tendresse que chaque enfant est en droit d'attendre. Même mariée, elle ne recevait pas l'affection qu'elle espérait. Alors, elle alla chercher ailleurs ce qu'elle n'avait pas...

Me Steiner s'élève ensuite contre la curée qui vise sa cliente. «Complice» ne veut pas dire qu'elle a tué. Et puis, n'y a-t-il pas incohérence à lui attribuer un âge mental de 13 ans tout en l'accusant des pires manipulations? Si, de surcroît, elle avait été la femme machiavélique que d'aucuns dépeignent, pourquoi n'aurait-elle pas laissé agir Richard, en le dénonçant ensuite pour profiter seule de l'héritage de son père? Il y a une trop grande dichotomie entre l'accusation et le comportement avéré de Josette Bauer. L'avocat vient de faire, en un peu moins de deux heures, une véritable démonstration.

Le jury revient de sa délibération avec un verdict de culpabilité. Richard est convaincu d'assassinat, sans circonstances atténuantes. Sa responsabilité est toutefois restreinte en raison de troubles dans sa santé mentale et son incapacité à apprécier le caractère illicite de ses actes comme de se déterminer d'après cette appréciation. Les mêmes réponses tombent en ce qui concerne Josette. Elle n'est plus seulement complice, elle devient coauteur!

Ce verdict permet au procureur Eger de requérir vingt ans contre Richard et dix-huit contre Josette. Le public se manifeste, l'ambiance devient lourde à l'excès.

Me Nicolet n'a que le choix d'expliquer aux jurés qu'une peine de vingt ans correspond quasiment à la perpétuité et que ce n'est pas tolérable pour un homme de 29 ans ! Si les jurés ont réfléchi longtemps, déclare à son tour Me Steiner, c'est par souci de bien juger. Il leur fait confiance pour la peine.

Quand le président demande si les accusés n'ont rien à déclarer, c'est Josette qui se lève : « Si j'avais eu conscience de ce que mon mari allait faire, je l'en aurais empêché. Je vous prie pour lui d'en tenir compte. » Jusqu'au bout, les Bauer auront surpris tout le monde.

Cette fois, il ne faudra que peu de temps au jury pour décider de la peine à infliger : quinze ans pour Richard et huit pour Josette.

À 21 h 20, en ce vendredi 13 (!) octobre 1961, le président Drexler lève l'audience.

L'Illustré du 12 octobre 1961

L'IMAGE DU PÈRE

«C'est le plus grand avocat d'Europe» disait Dominique Poncet de Raymond Nicolet. «C'était une armoire à glaces» décrit Pierrette Blanc, illustre chroniqueuse lausannoise qui fut stagiaire chez le grand avocat au moment du procès Jaccoud, à la fin de l'année 1959. «Une personnalité exceptionnelle, à l'éloquence incroyable, vraiment quelqu'un de brillant ; physiquement, mais aussi intellectuellement

Le disciple (D. Poncet à gauche) et le maître (R. Nicolet à droite avec les lunettes) (Collection privée)

impressionnant. En même temps, il pouvait être fragile : par exemple, quand Anne-Marie Burger, dans un article, l'avait traité de « bonimenteur de génie », il en avait été très blessé... »

En art oratoire, Raymond Nicolet paraissait inaccessible. « Ni précieux, ni affecté, il trouvait toujours le mot juste, il pouvait tout faire » se souvient Carlo Poncet qui se dit, comme son frère, le disciple de Me Nicolet. « Il savait être fort dans le pathos, mais également très comique. Je l'ai vu plaider barbu dans la matinée et venir fraîchement rasé dans l'après-midi dire aux jurés qui n'en croyaient pas leurs yeux : « Ce matin, mon père vous disait... » Il avait une fine perception du jury et repérait celui qui serait président avant même que celui-ci ne soit élu par ses pairs. »

Raymond Nicolet savait trouver le mot exact, celui qui le mettait parfaitement à la portée de son interlocuteur et servait l'objectif recherché.

Au moment du procès Jaccoud dans lequel Nicolet mit toute son énergie, Pierrette Blanc côtoyait fréquemment le tout jeune Dominique Poncet. On était alors fin 1959. « Il venait beaucoup à l'étude, parce qu'il assistait Nicolet dans le procès. » Dominique Poncet avait fourni un énorme travail dans l'ombre du grand homme, observant, apprenant, s'inspirant de son modèle qui plaçait une extrême rigueur dans la préparation de ses dossiers. Plaider une affaire comme Bauer était une incroyable opportunité pour un avocat débutant. Le faire aux côtés de Nicolet était certainement ressenti comme une élection particulière.

> Ce que Dominique Poncet permit plus tard à son tour à de jeunes talents. En « offrant » sur un plateau la défense du ravisseur de la fille de Frédéric Dard à un Dominique Warluzel débutant, il faisait montre d'un instinct particulier pour détecter les ténors du Barreau de demain. « Je lui dois tout, confiait Me Warluzel à La Tribune de Genève, au lendemain du décès de Dominique Poncet. Je lui dois absolument tout. Pour moi, il incarnait l'Autorité. Celle du père spirituel, du professeur, du patron. Bref, l'Autorité tout court. Il m'a montré toute la noblesse d'un Barreau qui n'existe plus aujourd'hui. »

Sans doute Dominique Poncet se serait-il exprimé de la même façon au sujet de Raymond Nicolet. Il était LA figure de l'avocat, celle peut-être que Me Poncet garda en mémoire pendant toute sa carrière. Quand il rédigea un article sur les avocats pour l'Encyclopédie de Genève, (n° 4, chapitre 4, pp. 183-184), il suggéra que celui-ci fût illustré par une photo de Maître Nicolet.

Jean Poncet

Quand il siège en Cour d'assises pour la défense de Richard Bauer aux côtés de celui qu'il s'est choisi comme père spirituel, Dominique Poncet vit alors des heures difficiles dans sa vie familiale. Son père vient de décéder (début août 1961) et le trentenaire à la carrière débutante se retrouve associé au sein d'une des plus grandes études de la place. Dans le privé, il doit assumer de nouvelles responsabilités, prenant en charge sa maman et l'éducation de son frère Carlo qui n'a que 15 ans, puisque Jean Poncet est parti brusquement.

* *
*

Enfance en Italie

Peu après la naissance de Dominique, le 31 août 1929, Jean Poncet et son épouse Giuseppina, née Adami, connurent des problèmes conjugaux. Il fut décidé que Giuseppina retournerait avec son fils dans son Italie natale. Le petit Domenico-Matteo fut installé dans sa famille Adami de Sestri-Levante, à une cinquantaine de kilomètres de Gênes dans cette Ligurie de marchands et de guerriers qui donna à l'Italie de grandes figures comme Christophe Colomb ou Nicolas Paganini. Une terre d'art, de traditions séculaires et de résistance au pouvoir de Rome. Le fascisme pointait alors son nez. Le petit Domino s'amusait beaucoup en défilant dans le salon familial derrière son grand-père en chantant «Bandiera Rossa», le chant des résistants au pouvoir de Mussolini, tandis que la grand-mère se précipitait pour fermer la fenêtre…

La suite fut moins drôle. Dominique – à des fins d'éducation stricte et solide – se retrouva dans un internat de Domodossola pour quelques années. Loin de sa mère qu'il aimait tant, de ses grands-parents et de son oncle Enrico. Il en conservait une «abandonite aiguë» que décrit son frère Carlo: «Il avait toujours gardé cette idée que le monde est composé de gens auxquels on ne peut pas faire confiance. Il disait qu'il valait mieux ne pas montrer ce qu'on pensait.» Un réflexe de dissimulation de ses sentiments qui vint au petit garçon seul, au pied des Alpes, loin des siens et qui généra une façon d'être, une pudeur, qui ne quitta plus l'homme quelques années après.

La guerre arriva. Les Allemands étaient à Rome. La famille se replia sur Milan. Mais les bombes tombaient, la vie devenait précaire. Giuseppina contacta Jean Poncet: le mieux était de revenir en Suisse avec Dominique. Ce fut fait fin 1943. Jean Poncet attendait à la frontière son ex-épouse et cet adolescent qui était son fils, qui parlait italien et qu'il ne connaissait pas. Ces retrouvailles débouchèrent sur le remariage des parents de Dominique. Ces secondes noces valurent au couple Poncet-Adami II le surnom de «Poncet-Radami»…

Charles naquit en décembre 1946. Dix-sept ans après son frère aîné. Quelques mois plus tard, alors que Jean Poncet défendait Maria Popesco devant les Assises, Mme Poncet se rendit à la prison, Carlo dans les bras. Dans la salle d'attente, une dame s'émerveilla devant le joli bébé: «Comme son papa va être content de le voir…!» Si elle avait su, la gentille visiteuse, que ce petit garçon était là à la demande de l'illustre prisonnière roumaine et qu'il prenait déjà la température des lieux pour son futur métier…

Dominique poursuivit des études au Collège Calvin où il passa en 1948 une maturité classique aux côtés de Jean Maye, notamment, avec qui des liens d'amitié très forts avaient eu le temps de se nouer. Il réussit ses études de droit, décrochant sa licence en 1951 à l'Université, puis son brevet en 1953. Il passa l'année 1954 en Angleterre et entra en 1955 dans l'étude de son père. «Ils avaient des personnalités subtiles, intelligentes» raconte Robert Turretini. «Tous deux étaient très investis dans leur carrière. C'était tout pour eux. Mais ils fonctionnaient très différemment. Jean renvoyait toujours tout au lendemain alors que Dominique était super organisé. Jean était très chaleureux et drôle, mais n'avait pas beaucoup d'amis, constate encore l'ancien associé. Dominique était un séducteur, il était extrêmement poli alors que son père était plus difficile d'accès. Dominique était très comédien, cela le rendait sympathique à tout le monde. Jean, je pense, n'a jamais rencontré personne qui lui donnât vraiment l'affection qu'il souhaitait. Il était très sensible. Actif en politique, il aimait se battre dans cette arène-là. Il était salévien et libéral, ce qui lui attirait des voix des deux côtés.»

L'avocat avait gardé de son sang italien le côté bouillonnant: «Dominique ne supportait pas la bêtise, dit encore Me Turretini. Il n'aimait pas trop les nantis, ceux qui avaient trop bien réussi. Au début de notre association, il leur écrivait des lettres insolentes! Je recevais alors le «retour du boomerang» et je devais un peu le calmer. Je crois que, d'une certaine façon, Dominique jouissait de dire des choses désagréables à des gens qu'il ne considérait pas. Jean aimait choquer, Carlo aussi. C'est un chromosome familial! Dominique me passait des livres policiers horribles, comme s'il essayait de me déniaiser! Les Poncet ont toujours aimé la canaille. Dominique aurait préféré défendre Mesrine plutôt qu'un banquier.»

Dominique Poncet, marié à Éliane et père d'Isabelle et de Philippe, avait gardé de profondes attaches avec sa famille italienne et notamment avec sa cousine Enrica. Celle-ci avait en plus une fille du même âge qu'Isabelle ce qui la rapprochait encore de son cousin. Giuseppina, que Dominique appelait *Mamina*, était devenue *Nonna* et elle a gardé des relations très fortes avec Dominique comme avec Carlo. La famille Poncet partait souvent en vacances à Sestri-Levante, où Me Poncet pouvait à nouveau se régaler de *focaccia genovesa* aux parfums d'une enfance lointaine mais heureuse.

Un journaliste de Bilan demandait en 2003 à Me Poncet quelle raison impérieuse pourrait lui faire refuser une affaire. «Si je ne suis pas commis d'office et qu'il n'y a pas de nécessité, je ne pourrais pas intervenir dans un cas où il y a une relation familiale entre auteur et victime, entre fils et père par exemple. On ne peut les assister l'un contre l'autre, mais plus simplement les aider. Cela tient sûrement à mon histoire de vie.»

Accusé d'avoir pratiqué 1800 avortements clandestins dont un eut une suite mortelle le docteur de SIEBENTHAL comparaît devant les Assises de Genève

La Cour d'Assises de Genève, en faisant le procès du Docteur Roger John de Siebenthal, fait aussi et surtout celui de l'avortement général.

Un bien grave problème, à la mesure de notre temps et des impératifs de la vie moderne, un problème qui perdrait de son acuité, automatiquement, si était réglé une fois pour toutes celui de la régulation des naissances.

En effet, aux considérations médicales et juridiques viennent se mêler des convictions religieuses et des vues morales, des raisons sociales, économiques et humaines.

Le problème est donc très controversé et un procès du genre de celui qui a lieu devant la Cour d'Assises genevoise permet de faire la critique d'un système dépassé, et, de la part des accusés, d'invoquer les motifs humanitaires qui les ont amenés à agir.

Mais enfin, les choses étant ce qu'elles sont, et la loi inscrite dans le texte, il faut bien s'en tenir aux normes fixées...

Dans la grande salle du Palais de Justice de Genève, à la triune du public, il y a foule pour assister à ce débat qui, concernant un cas particulier, traite en fait un cas général.

Croquis d'audience de J. Tarec

Les arguments de l'accusation

L'acte d'accusation dressé contre le Docteur de Siebenthal

Durant ce laps de temps, le docteur aurait encaissé des honoraires pour une somme globale de 420.000 francs.

Son cabinet n'était pas amé-

Me Dominique Poncet

La foule nombreuse des témoins...

De très nombreux témoins (en majorité des femmes, cela va sans dire) sont entendus à la barre. Leur fastidieux défilé a occupé pratiquement toute la première journée d'audience.

On a vu le père de la victime, qui ignorait l'état dans lequel se trouvait sa fille, puis le fiancé de celle-ci, qui fit une déposition confuse au possible et fut « accroché » à plusieurs reprises par les deux excellents avocats de la défense : Me Dominique Poncet et Me Alain Farina, qui contestent d'ailleurs de nombreux points, à commencer par le montant global des honoraires touchés par l'accusé au cours des trois années incriminées.

Un certain nombre de ces témoins sont favorables à l'accusé. La secrétaire du docteur de Siebenthal a déclaré à la barre que son patron l'avait accouchée (normalement) dix ans plus tôt, à sa complète satisfaction et sans lui demander d'honoraires.

C'est un peu le leitmotiv des

Le Dauphiné Libéré
26 janvier 1966

AFFAIRE DE SIEBENTHAL

Un médecin genevois accusé de 1 800 avortements.

C'est le procès d'une époque et d'une certaine morale qui fait la une de toute la presse ce 26 janvier 1966. Sous la présidence de M. Lenoir, on juge devant les Assises genevoises, un médecin accusé d'avoir pratiqué quelque 1 800 avortements clandestins. En France, il n'y a pas si longtemps, seuls des hommes auraient pu former un tribunal pour une telle affaire. Ce jour-là à Genève, trois femmes sont assises dans les rangs du jury.

Le code pénal est formel, reprenant à son compte la morale de l'église qui fustige tout acte supprimant la vie. L'interruption de grossesse, quel qu'en soit le motif, tombe sous le coup de la loi. En pratiquant des avortements de 1954 à 1962 – entre 1700 et 1800 au total – le médecin s'est rendu coupable d'après l'accusation de «manœuvres abortives illégales», avec une circonstance aggravante dite «du métier». Le Ministère public considère en effet que le fait de n'avoir pas pratiqué de façon occasionnelle mais répétée un acte contraire à la loi renforce la gravité du cas. Bien qu'agissant comme un bon nombre de ses confrères, ce que Dominique Poncet démontrera tout à l'heure, le Dr de Siebenthal a joué de malchance puisqu'une de ses jeunes patientes est décédée à la suite de son intervention. L'homicide par négligence est donc retenu contre lui

Revenons au 27 février 1962, au soir.

Anne-Marie, 24 ans, se tord de douleur dans son lit à Vevey. À ses côtés, son fiancé panique. L'après-midi même, ils ont fait l'aller-retour vers Genève. Ce bébé qu'ils avaient conçu ensemble ne pouvait pas naître si tôt. Ce n'était pas le moment. Chez le docteur de Siebenthal, la solution n'était pas trop coûteuse. Et relativement sûre. Le praticien a exécuté son acte médical rapidement et après une heure ou deux dans la petite pièce servant de salle de repos, le couple a repris la route dans sa camionnette. Le médecin a fait quelques recommandations. Un avortement n'est pas un acte banal.

Mais dans son affolement, le garçon a tout oublié. Au lieu de s'adresser à un spécialiste en gynécologie à qui il aurait expliqué le cas, il fait appel à son médecin de famille. Non averti de l'état réel dans lequel se trouve la jeune femme, le docteur veveysan pose un diagnostic erroné, se contente d'une injection de solucamphre et ne fait pas hospitaliser la malheureuse. L'agonie est de courte durée : Anne-Marie décède à deux heures du matin le 28 février 1962.

Le médecin veveysan, lorsqu'il apprend le décès – et donc sa prétendue méprise – dénonce le cas au juge instructeur du canton de Vaud et à la police. Une information pénale est ouverte, qui conduit très rapidement les enquêteurs au cabinet genevois du Dr de Siebenthal, orthopédiste de son état. Dans son cabinet, on découvre un échéancier qui recense tous les actes médicaux accomplis, le nom des patientes et les sommes perçues pour leur « rendre service ».

Le médecin-avorteur se retrouve derrière les barreaux, il y restera 13 mois.

Libéré provisoirement, le Dr de Siebenthal a tout perdu : son cabinet, son argent et sa réputation. Avec sa femme, son fils et sa fille, il est parti pour le Libéria où il s'est reconstruit une existence. Surnommé « le bon docteur de la brousse », il a pris le risque de revenir à Genève pour se faire juger, pour rendre des comptes à la justice. La salle est pleine à craquer. Le public, on le sent assez rapidement, prend fait et cause pour l'inculpé. Il se manifeste bruyamment. Le franco-suisse de 44 ans qui s'assoit aujourd'hui sur le banc des accusés n'a rien d'un truand. Il a confié sa défense à Me Alain Farina et Me Dominique Poncet. Les deux hommes vont mettre tour à tour toute leur sensibilité – et Dieu sait qu'ils en avaient ! – dans ce procès.

«Pendant ce temps-là, ma mère, très croyante, égrenait son chapelet pour la réussite de ma défense» s'est souvenu un jour Dominique Poncet dans les colonnes du Matin. Peut-être la très catholique Giuseppina désapprouvait-elle que l'on puisse prendre fait et cause pour un avorteur. Mais en digne fille d'avocat, femme d'avocat et désormais mère d'avocat, elle savait qu'un vrai défenseur se doit de tout défendre... Quelques années plus tard, Dominique Poncet dira son regret de n'avoir pu défendre un Dreyfus.

Mes Poncet et Farina feront tout d'abord un choix minutieux des témoins qu'ils feront défiler devant la Cour. Une cinquantaine au moins. Des femmes pour la plupart, comme cette secrétaire qui a travaillé avec le Dr de Siebenthal et qui accoucha dans une situation financière particulièrement difficile. Le docteur de Siebenthal ne lui factura rien pour son assistance. Plusieurs malades suivis par le médecin témoignèrent à propos de ses compétences et surtout de l'humanisme dont il a fait preuve: à celle-ci le Dr de Siebenthal ne réclama aucun honoraire; à celle-là il ne demanda que 50 francs pour son travail. Une femme dira qu'elle a préféré se rendre chez de Siebenthal car un avortement «légal» lui aurait coûté beaucoup plus cher...

«Quand une femme le suppliait, il ne savait pas refuser» dira un témoin. Voilà cette jeune fille qui vient affirmer qu'en s'occupant d'elle, le docteur l'a sauvée de la déchéance. Plus fort encore: une femme vient raconter que pour des raisons de conscience, et de la situation dans laquelle elle se trouvait, l'inculpé avait purement et simplement refusé d'intervenir. La salle exulte, heureuse que l'on démontre ainsi le sens humain et la droiture du médecin. Tous les autres témoins disent leur sentiment qui s'est mué en amitié voire en reconnaissance, qui va du respect jusqu'à l'admiration.

Si une patiente en avait les moyens, le prix du curetage pouvait toutefois aller de 200 à 1400 francs. Le Ministère public a estimé à plus de 400'000 francs les gains accumulés par le docteur. Une course au grand standing dira Diego Schmidt dans son réquisitoire. Là où la défense ne voit que générosité et compassion, l'accusation fustige l'âpreté au gain et les mobiles sordides. La presse s'évertue pourtant à parler de modernité, de changement des mœurs, mais la loi fait le lit de l'accusation.

À l'heure des plaidoiries, la salle retient son souffle. Me Alain Farina plaide sur le décès de la malheureuse jeune femme. «La pierre angulaire de ce procès, c'est le retour à Vevey.» Le manque de précautions du jeune couple, le mauvais diagnostic, l'absence de réaction au bon moment. Si faute il y a, dira le plaideur, elle ne se trouve pas du côté du Dr de Siebenthal mais plutôt de celui du fiancé qui a accumulé les négligences. Si – par impossible – on en venait à considérer que l'avortement doit être reproché à de Siebenthal, il faudra l'acquitter concernant la négligence ayant provoqué la mort d'Anne-Marie. L'accident mortel n'est que le résultat d'une suite de coïncidences malheureuses.

En 1966, déjà, le public avait distingué en Dominique Poncet un avocat hors norme. C'est dire si, sur un sujet aussi difficile, on lui faisait confiance pour faire d'un dossier qui aurait pu être sordide une occasion de provoquer un sursaut salutaire dans la société dont la justice n'est qu'une vitrine.

Bien sûr, il ne s'agit pas de plaider pour ou contre l'avortement. Ces débats sont réservés à d'autres assemblées. Mais Dominique Poncet – avec son sens aigu de la chose publique – n'évite pas le propos. Mieux, il l'aborde de face. «Sans vouloir faire le procès de l'avortement, il faut cependant situer le problème dans son contexte.» L'avocat évoque des mères épuisées par des grossesses répétées, des enfants illégitimes dont l'avenir au sein d'une famille est plus que précaire, des jeunes filles livrées à elles-mêmes et sans nul doute à l'opprobre qui suivra… En rappelant que le système même qui a conduit aujourd'hui sur ce banc un médecin humain, renferme ses contradictions en exigeant le fameux «avis conforme» dont pâtissent tant de femmes en détresse matérielle et morale.

La sensibilité de l'homme est à fleur de peau. L'avocat s'en fait une arme qu'il va brandir pendant deux heures. Les arguments plaidant en faveur de son client sont assemblés, réunis, tissés en un fouet flagellant les mauvais-penseurs. Déchirée, l'image du docteur amassant une fortune grâce au malheur des autres! Honnie, la «monumentale hypocrisie» de la société qui, par son intolérance, projette des femmes désespérées entre les mains de faux médecins et d'avorteuses clandestines maniant l'aiguille à tricoter dans leur arrière-cuisine.

Le docteur de Siebenthal n'était pas le seul à «exercer» de la sorte. «Ne nous voilons pas la face, a dit Me Poncet, beaucoup d'autres médecins pratiquent l'avortement à Genève dans des conditions qui sont autant de reproches qu'on pourrait leur faire comme on les fait aujourd'hui à l'inculpé.» Certains confrères devaient penser du bien de lui, puisqu'ils venaient parfois lui confier leur propre épouse!

Le jeune professeur qu'il est depuis peu va plus loin: il avertit le jury des conséquences d'un verdict trop sévère: cet homme a déjà tout perdu, explique Me Poncet. Le remettre aujourd'hui en prison reviendrait à briser sa vie une nouvelle fois, à le réduire à rien, lui qui a déjà lourdement payé ses actes illicites et qui a décidé d'affronter ses juges.

«Considérez, dit-il, que l'accusé est seul, et qu'il est revenu pour défendre son honneur, alors qu'il pouvait facilement échapper à la rigueur de la Cour d'assises. Il est seul, parce que le Parquet de Genève ne poursuit pas les mères et les complices d'avortements, et c'est tout à son honneur. L'accusation considère que l'on se trouve alors en présence de tels problèmes humains que la loi doit être accommodée. Il convient dès lors de ne pas accabler le docteur de Siebenthal et de se souvenir que s'il avait, comme tant d'autres médecins, commis une faute alors qu'il bénéficiait du certificat conforme, la négligence qu'on lui reproche ne lui ferait pas encourir une peine de trois ans de réclusion minimum mais de quelques jours seulement.»

Cette fois c'est le juriste qui entre en scène. Celui qui va rappeler qu'au même moment en France, «on compte environ 5000 mortes par année du fait d'avortements pratiqués par des amateurs.» Sur les 2500 à 3000 avortements pratiqués chaque année à Genève avec certificat conforme, «10 à 15% de ses interventions seulement sont effectués dans les conditions prévues par la loi» souligne Dominique Poncet. Impossible donc, de considérer les actes commis par le docteur de Siebenthal comme anormalement monstrueux.

«Souvenez-vous, c'est un bon père, un bon fils et voilà que vous le jugez. Vous ne pouvez pas, cependant, faire abstraction ni décevoir tous ceux qui, aujourd'hui, pensent à lui avec reconnaissance et affection.»

Verdict

Le jury a bien écouté. Il a sans doute fait siens plusieurs arguments de la défense puisqu'il acquitte le docteur du chef d'accusation concernant le décès. Toutefois, les jurés ont estimé que le docteur de Siebenthal était coupable des avortements reprochés et la circonstance aggravante du métier a été retenue ; le jury a cependant précisé que les sommes gagnées n'étaient vraisemblablement pas aussi excessives que ne l'entendait l'accusation.

Le plus grave est écarté. Il faut à présent faire en sorte que la peine soit minimale. Dominique Poncet, emphatique, remonte aux barricades. Il va maintenant expliquer pourquoi on ne peut pas remettre le docteur de Siebenthal en prison.

Le jeune professeur de droit est suivi par le jury

D'abord, parce qu'au Libéria, il est utile. Il est certain qu'en Afrique, de Siebenthal a fait un très grand travail. Il a aidé à installer deux hôpitaux. Il a pris la direction de l'un d'eux dans une région d'Afrique où la pénurie de médecins est criante. Là-bas, il est «le bon docteur», et on attend son retour avec impatience. «À Bochuz, il ne servira à rien. Dans la brousse, on a un urgent besoin de lui.» De toute façon, ajoute finement Me Poncet, le docteur de Siebenthal a été depuis longtemps mis hors d'état de nuire: plus jamais une plaque portant son nom ne sera apposée sur la façade d'une entrée genevoise...

La peine infligée, une année et 29 jours de réclusion, compensera très exactement la détention préventive subie par le condamné. C'est donc un homme libre qui sort du palais de justice. Le public, qui n'attendait que ça, applaudit la sentence qu'il ponctue de bravos sonores.

Le Dr de Siebenthal a réglé ses comptes avec la justice, affirme en conclusion Colette Muret dans La Gazette de Lausanne, le 27 janvier 1966, «le problème de l'avortement, lui, n'a pas avancé d'un pas».

LA MORALE
ET LE DROIT

Haro sur la faiseuse d'anges

Le procès de Siebenthal a sans doute rappelé à Dominique Poncet une autre affaire plaidée par lui contre le même Pierre Fournier dix ans plus tôt, au tout début de sa carrière : celle d'Ida Zbinden, avorteuse multirécidiviste qui concentrait sur elle la honte de toute la société.

En 1956, la mode est à la chasse aux sorcières. Genève s'en trouve une, qui a en plus le physique de l'emploi. Épaisse, vulgaire, la femme arborait une tignasse décolorée du plus vilain effet. Fribourgeoise de naissance, Neuchâteloise par mariage, l'accusée parle avec un accent alémanique qui déplaît.

On lui reproche 16 avortements pour lesquels elle a exigé jusqu'à 900 francs de la part de jeunes femmes ne gagnant parfois pas plus de 400 francs par mois. Mais ce n'est pas le pire. Le 2 février 1955, une jeune femme de 24 ans est sortie de chez l'accusée pour s'en aller mourir à la Maternité de Genève. L'accusation affirme que la mort est consécutive aux traitements de l'avorteuse. Celle-ci jure que la malheureuse a débarqué chez elle dans un piteux état et qu'elle n'a rien pu faire pour l'aider. Personne ne veut la croire. Son absence habituelle de scrupules plaide en sa défaveur.

Le substitut Fournier rappelle péremptoirement aux jurés que l'avortement figure dans la loi au chapitre des homicides. Au cas où ils auraient des scrupules à condamner, il leur rappelle qu'ils doivent appliquer la loi dans toute sa rigueur, faisant fi de leur opinion personnelle.

Histoires de femmes

Le président Georges Martin est sans pitié. D'une voix grondeuse, il demande: «Vous n'auriez pas mieux fait de garder cet enfant? Vous auriez maintenant un petit garçon ou une petite fille qui n'aurait demandé qu'à vivre et que vous avez délibérément tué...» La presse lui emboîte le pas. On parle de «lamentable défilé» de témoins à propos de toutes les jeunes femmes venues narrer leur pathétique histoire. Souvent la même. Des histoires de femmes, victimes d'hommes indélicats. Mais la tolérance n'était pas plus dans l'air en 1956 qu'aujourd'hui. Après tout, sait-on vraiment si elles n'avaient pas fait exprès de tomber enceinte? Leur moralité était-elle vraiment irréprochable? N'avaient-elles pas agi par égoïsme en se débarrassant de leur enfant? Ne devraient-elles pas, d'une certaine façon, partager le banc des accusés?

L'horreur a atteint son comble lorsque, cité à comparaître comme témoin, le professeur Naville, médecin légiste, a sorti de sa mallette un bocal au contenu jaunâtre et glauque: le fœtus retiré du ventre de la morte! Une femme, dans le jury, est au bord de l'évanouissement.

C'est dans cette atmosphère pesante que Dominique Poncet, déjà seul contre tous, prend la parole. Non, il ne cherche pas à justifier des actes qu'il n'approuve pas. Il plaide coupable sur les seize avortements. Mais il conteste l'homicide. Parce que rien ne démontre que l'avortement fatal soit le fait d'Ida Zbinden. L'horrible petite chose brandie tout à l'heure par le professeur Naville est meurtrie, déformée. Elle a été triturée par de curieux outils. Rien qui ne ressemble aux méthodes habituelles de la faiseuse d'anges. Jusque-là, les traitements appliqués ne lui avaient jamais attiré d'ennuis. Pourquoi aurait-elle pris le risque d'un accident en utilisant soudain un instrument beaucoup plus dangereux? Il y a de quoi douter et le doute – Dominique Poncet ne l'a-t-il pas répété mille fois? – doit profiter à l'accusé.

Mais l'avorteuse était jugée avant le procès. Son avocat a donc plaidé pour rien. Dans tous les sens du terme puisque, commis d'office, il n'avait rien perçu pour l'exercice!

Le verdict tombe comme la guillotine en France il n'y a pas si longtemps sur le cou d'autres avorteuses célèbres.

Coupable. Pour les seize avortements et pour le cas mortel. Fournier a le beau rôle, il requiert huit ans, ce qui n'étonne personne. Dominique Poncet tente une dernière fois d'infléchir la sévérité du jury en lui demandant de tenir compte de la vie difficile de l'accusée et de son état de santé précaire. Il doit se faire entendre puisqu'à la fin du compte, la méchante sorcière retourne dans sa cellule pour y purger six ans de prison.

La société respire.

> «En 1942, la France guillotinait sa dernière avorteuse et aujourd'hui, l'acte est remboursé par la Sécurité sociale!»
>
> Dominique Poncet, en 2001

Mes Alain Farina et Dominique Poncet en 1966
(Collection privée)

POUR QUELQUES MILLIERS DE FRANCS

L'assassinat de Verbois

Convaincu par le professionnalisme de Dominique Poncet lors d'une affaire précédente (celle de l'assassin d'une prostituée dans un studio des Glacis-de-Rive), le président de la Cour de justice, M. William Lenoir le nomme d'office pour la défense d'Ulrich Studer en 1965. C'est une des affaires les plus sordides des années soixante. (*Le fils de la victime ayant tout récemment été à son tour assassiné, nous ne donnerons pas son nom par respect pour la peine d'une famille.*)

En cette fin de journée du 18 septembre 1965, des promeneurs avisent un véhicule à moitié immergé, dans un lacet du Rhône, non loin de Verbois. Quand la police sort la voiture de l'eau, on y retrouve une trace de balle et du sang. Très vite, on réalise qu'il ne s'agit pas d'une automobile volée, mais que c'est plus exactement son propriétaire qui a été porté disparu depuis une journée environ. Il s'agit du gérant de la Migros de la rue du Port célèbre à Genève puisque ce fut le premier magasin de la marque dans notre ville.

Les vêtements ensanglantés que l'on retrouve le lendemain à 300 mètres environ de là, écartent définitivement la thèse de l'accident. C'est sans doute un crime, soit. Mais encore faudrait-il trouver un cadavre! Les hommes-grenouilles ratissent le lit du fleuve, sans succès. Des agents passent au crible les bois environnants. Le 23, un enquêteur met la main sur le briquet du disparu, non loin des vêtements tachés. Le lendemain, on dégage le portefeuille du gérant des grilles du barrage de Pougny-Chancy. Cette accumulation de détails éparpillés fait craindre le pire. Le corps du malheureux sera finalement découvert le 27 septembre dans ce même barrage : les jambes liées, l'homme a été abattu d'une balle en pleine tête. À 40 ans, il laisse derrière lui une femme et deux orphelins de 10 et 11 ans.

Des milliers de francs ont disparu

La machine policière se met en branle, en collaboration avec le juge d'instruction Robert Pagan, à qui le dossier vient d'être confié. La vie du mort est passée au crible. Mais on a tôt fait de soupçonner un mobile crapuleux, puisque le coffre-fort de la Migros de Rive, sans avoir été forcé, est retrouvé vide. Les 10'000 francs qu'il contenait ont disparu. À l'évidence, celui qui s'est servi connaissait parfaitement les lieux et possédait les clés de la caisse blindée. Et il n'a pu les prendre que dans la poche du pauvre gérant. Le lien est fait. On recherche donc un voleur doublé d'un meurtrier. Ou, plus exactement, un assassin car, très vite, on pense que celui qui a tué le gérant l'a fait avec l'arrière-pensée de lui voler ses clés.

Et voilà que sur la liste des relations professionnelles du responsable du magasin figure un Bernois de 23 ans, Ulrich Studer, qui, alors qu'il était criblé de dettes, vient de rembourser tous ses créanciers et même de s'offrir une voiture. N'a-t-il pas le profil du parfait coupable?

Quand on l'arrête, le 12 octobre 1965, et qu'il passe aux aveux, le doute n'est plus possible.

À partir de ce moment, l'enquête est menée dans la discrétion la plus absolue. De quoi faire pâlir certains magistrats d'aujourd'hui... M. Pagan, doyen des juges d'instruction, ne réapparaît sur la scène médiatique genevoise que deux ans plus tard, quand les journaux annoncent enfin la clôture de l'enquête pénale. Reste au Ministère public à prendre des réquisitions pour assassinat et vol. Ce sera chose faite au début du mois de novembre 1967. Le prévenu risque la perpétuité. Les derniers condamnés à cette peine sont les bourreaux de l'Ermite de Vessy, en 1937, l'assassin de Peissy en 1942 et le duo de gangsters Lugon et Mounir en 1954.

Quand l'audience de la Cour d'assises s'ouvre, le mardi 21 novembre 1967, on ne donne pas lourd du destin de Studer. Dominique Poncet s'est adjoint la collaboration de Me Alain Farina pour la tâche ingrate qu'il s'attribue : celle de faire renoncer le jury à la thèse de l'assassinat (passible de la réclusion à vie) en faveur d'une condamnation pour meurtre (pour lequel la peine peut descendre, au minimum, jusqu'à cinq ans de prison). L'éventail des punitions possibles est large. Mais la nuance est étroite et inversement proportionnelle à l'effort à fournir.

Quelques faits sont avérés. Les deux hommes se connaissaient. La victime envisageait d'engager Studer, qui était vendeur de formation. Comme il rentrait chaque soir chez lui à Vernier, Studer lui avait demandé s'il pouvait le déposer chez son frère qui vivait aussi dans la région. Les deux hommes étaient convenus de se retrouver devant le stade des Charmilles. Là, en montant dans la voiture, Studer s'installe à l'arrière. Le conducteur s'en étonne, tout comme il se dit surpris de la présence d'un fusil d'assaut aux côtés de son passager. «Je vais le nettoyer chez mon frère,» se justifie le futur meurtrier. Vers le Bois-des-Frères, le malheureux gérant prend une balle dans la tête et finira ballotté dans le Rhône.

Comment se sont déroulés ces derniers instants? Que s'est-il passé entre les deux hommes? Pourquoi le gérant est-il mort? C'est ce que le procès devra établir afin de condamner le plus justement possible.

L'accusé donnera au total trois versions différentes. La première, rapidement écartée, met en cause le mort dont les mœurs sexuelles auraient été douteuses. Le gérant, dix ans auparavant, avait été inquiété pour une affaire d'attentat à la pudeur sur une mineure. Mais il n'a jamais été homosexuel. À part salir la victime, à part mettre sur le grill la malheureuse veuve qui souffrait pourtant déjà suffisamment, cet argument ne sert à rien et personne ne le suit.

Deuxième scénario : le meurtre crapuleux pur. Studer a des dettes et pas d'emploi. Il a tout essayé. L'idée lui vient alors de «bousiller» le gérant. Le mot serait celui de Studer au moment de son arrestation, répété à l'audience par un des enquêteurs cités à témoigner.

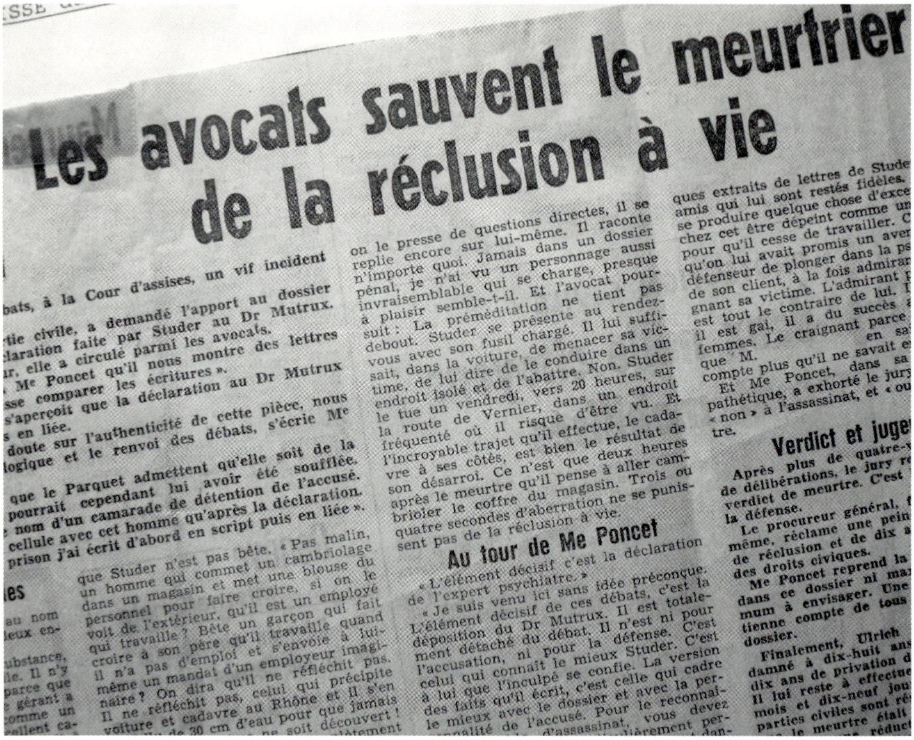

Les avocats sauvent le meurtrier de la réclusion à vie

bats, à la Cour d'assises, un vif incident

rtie civile, a demandé l'apport au dossier
claration faite par Studer au Dr Mutrux.
r, elle a circulé parmi les avocats.
Me Poncet qu'il nous montre des lettres
sse comparer les écritures ».
s'aperçoit que la déclaration au Dr Mutrux
s en liée.
doute sur l'authenticité de cette pièce, nous
logique et le renvoi des débats, s'écrie Me

que le Parquet admettent qu'elle soit de la
pourrait cependant lui avoir été soufflée.
nom d'un camarade de détention de l'accusé.
cellule avec cet homme qu'après la déclaration.
prison j'ai écrit d'abord en script puis en liée ».

es

au nom
ieux en-
ubstance,
le. Il n'y
parce que
e gérant a
omme un
ellent ca-

que Studer n'est pas bête. « Pas malin, un homme qui commet un cambriolage dans un magasin et met une blouse du personnel pour faire croire, si on le voit de l'extérieur, qu'il est un employé qui travaille ? Bête un garçon qui fait croire à son père qu'il s'envoie à lui-même un mandat d'un employeur imaginaire ? On dira qu'il ne réfléchit pas. Il ne réfléchit pas, celui qui précipite voiture et cadavre au Rhône et il s'en de 30 cm d'eau pour que jamais ne soit découvert !

on le presse de questions directes, il se replie encore sur lui-même. Il raconte n'importe quoi. Jamais dans un dossier pénal, je n'ai vu un personnage aussi invraisemblable qui se charge, presque à plaisir semble-t-il. Et l'avocat poursuit : La préméditation ne tient pas debout. Studer se présente au rendez-vous avec son fusil chargé. Il lui suffisait, dans la voiture, de menacer sa victime, de lui dire de le conduire dans un endroit isolé et de l'abattre. Non. Studer le tue un vendredi, vers 20 heures, sur la route de Vernier, dans un endroit fréquenté où il risque d'être vu. Et l'incroyable trajet qu'il effectue, le cadavre à ses côtés, est bien le résultat de son désarroi. Ce n'est que deux heures après le meurtre qu'il pense à aller cambrioler le coffre du magasin. Trois ou quatre secondes d'aberration ne se punissent pas de la réclusion à vie.

Au tour de Me Poncet

« L'élément décisif c'est la déclaration de l'expert psychiatre. »

« Je suis venu ici sans idée préconçue. L'élément décisif de ces débats, c'est la déposition du Dr Mutrux. Il est totalement détaché du débat. Il n'est ni pour l'accusation, ni pour la défense. C'est celui qui connaît le mieux Studer. C'est à lui que l'inculpé se confie. La version des faits qu'il écrit, c'est celle qui cadre le mieux avec le dossier et avec la personnalité de l'accusé. Pour le reconnaître d'assassinat, vous devez

ques extraits de lettres de Stude
amis qui lui sont restés fidèles.
se produire quelque chose d'exce
chez cet être dépeint comme un
pour qu'il cesse de travailler. C
qu'on lui avait promis un aver
défenseur de plonger dans la ps
de son client, à la fois admirant
gnant sa victime. L'admirant p
est tout le contraire de lui. I
il est gai, il a du succès a
femmes. Le craignant parce
en sa
que M.
compte plus qu'il ne savait e
Et Me Poncet, dans sa
pathétique, a exhorté le jury
« non » à l'assassinat, et « ou
tre.

Verdict et juge

Après plus de quatre-
de délibérations, le jury r
verdict de meurtre. C'est
la défense.
Le procureur général,
même, réclame une pein
de réclusion et de dix a
des droits civiques.
Me Poncet reprend la
dans ce dossier ni ma
mum à envisager. Une
tienne compte de tous
dossier.
Finalement, Ulrich
damné à dix-huit ans
dix ans de privation d
Il lui reste à effectue
mois et dix-neuf jou
parties civiles sont ré
le meurtre réduct

La Suisse
23 novembre 1967

Mais il existe une troisième version: celle de la panique. Elle a été racontée par Studer dans une lettre adressée au médecin psychiatre en charge de l'expertise, le Dr Mutrux.

Le jeune homme, un mois auparavant, a commis un cambriolage dans une Migros du quartier des Délices et a dérobé 1000 francs dans la caisse. Comment le gérant aurait-il deviné que Studer était coupable? Mystère. Mais, dit le garçon, l'homme le narguait, le menaçait de tout révéler à sa fiancée. Alors il s'est affolé. Il a voulu faire peur au gérant, le faire renoncer à ses menaces. Le coup de fusil est parti tout seul, sous le coup de l'affolement, alors que le conducteur ricanait de ses suppliques.

Une fois le gérant mort, Studer l'aurait poussé sur le siège de droite et aurait pris sa place au volant. Il aurait traversé plusieurs villages avec sa victime ainsi affalée à côté de lui, réfléchissant à ce qu'il allait en faire. Le brûler? Le découper? Près de 50 kilomètres au total à travers le canton, puisque qu'il aurait été chercher jusqu'à Drize du matériel pour faire disparaître le corps. Parce qu'il a finalement décidé de le noyer. «Ulrich n'aurait jamais eu le cran de faire une chose pareille» s'est exclamé un témoin. Rien, toutefois, n'a permis de prouver que quiconque ne l'ait aidé dans sa virée morbide. Pour que le corps disparaisse dans le Rhône, il lui lie les jambes et le leste avec des draps et un baril de peinture. Il place la voiture sur un monticule et desserre le frein afin qu'elle aille lentement plonger dans le fleuve. De retour chez lui, il réalise qu'il est couvert de sang. Il se change et va déposer ses vêtements souillés non loin du lieu où il a jeté la voiture à l'eau.

Avec les clés du mort, qu'il a prises dans sa poche avant de le jeter au Rhône, il va tranquillement se servir dans le coffre-fort quelques jours plus tard. Et il croit reprendre une vie normale. Mais comme il «claque» un peu vite l'argent gagné par son forfait, il se fait remarquer. On connaît la suite.

Les récits différents servis par l'accusé finissent par irriter la Cour. Surtout que ses réponses sont un peu laconiques.

– Vous avez tué? demande le président.

– Oui.

– Vous avez tué pour voler?

– Non!

Parquet et président lèvent les bras au ciel de lassitude. De nombreux accrochages opposent la défense au Ministère public, comme aux parties civiles (la famille et la Migros). On préserve la courtoisie. Mais de justesse.

L'inculpé s'accroche à cette troisième version, même si une partie civile doute qu'il l'ait élaborée tout seul. Comment ce garçon fade aurait-il utilisé un vocabulaire relativement raffiné? On n'en connaîtra jamais la raison, parce qu'on ne démontrera jamais qu'il a bénéficié d'une complicité pour rédiger sa lettre à l'expert-psychiatre.

L'heure avance et arrive le moment des plaidoiries. Les parties civiles ne voient rien d'autre dans ce dossier qu'un «banal et sordide assassinat». On parle d'affabulation visant à dissimuler une âme noire et fourbe. Le Parquet est plus réservé, plus juridique, plus technique, plus factuel. Mais sans l'ombre d'une concession. «Le crime commis est odieux et presque gratuit» conclut le procureur Eger.

«La réclusion à vie équivaut à une condamnation à mort.» La défense écarte d'entrée la possibilité d'une sentence d'assassinat. «Tout ce qui s'est passé avant et après le drame est tellement insensé, qu'on ne peut pas imaginer que ce crime fut prémédité.» La plaidoirie de Me Alain Farina va s'attacher à l'invraisemblance consistant à faire de Studer un assassin ayant minutieusement préparé son crime. Si cela était, il n'aurait pas choisi d'abattre sa victime sur une route au trafic intense, en pleine heure de pointe; il n'aurait pas erré, des heures durant, avec ce cadavre à ses côtés. Il aurait eu une cache prête, des instruments à portée de main, une planque… or Studer n'avait rien de tout cela.

Me Poncet va se pencher, lui, sur la psychologie de son client. L'expertise du Dr Mutrux le sert à merveille. Studer n'était pas un garçon brillant, et ressentait des sentiments complexes vis-à-vis de sa victime, mêlant crainte et admiration. L'explosion conduisant au geste fatal s'explique très bien dans un caractère faible et renfermé comme le sien. «Pour le reconnaître coupable d'assassinat, vous devez être sûrs qu'il est particulièrement pervers ou particulièrement dangereux.» C'est un meurtrier, certes, mais ce n'est pas un assassin. L'avocat fonde sa plaidoirie sur une phrase du psychiatre selon laquelle Studer, en sortant de chez lui avec son fusil d'assaut, «ne savait probablement pas au juste ce qu'il allait faire. Il le voulait et le redoutait en même temps.»

Le professeur de droit, une fois de plus, monte aux barricades: il compare cette affaire à celle de Bauer, qui avait prémédité son acte, lui, mais qui n'a pris que quinze ans. Il explique que la réclusion à vie peut être comparée par le niveau de gravité qu'elle sanctionne à la peine de mort en France. «En âme et conscience, peut-on envoyer à perpétuité au pénitencier un jeune adulte qui n'avait pas 23 ans au moment du crime?»

Il ne faut qu'une heure au jury pour revenir avec une réponse négative à l'assassinat, mais positive quant au meurtre. La peine peut donc être modulée. Le procureur Eger réclame tout de même vingt ans de prison. C'est beaucoup, estime Dominique Poncet, qui s'en remet toutefois à la sagesse des jurés. «Permettez-lui seulement de se refaire un jour une existence honnête» ajoute-t-il sobrement.

Ce sera dix-huit ans. La peine la plus lourde prononcée entre ces murs depuis plus de dix ans. Studer, toujours aussi blême, se lève et sort de la salle. Mes Poncet et Farina peuvent se congratuler: ils viennent d'accomplir un véritable tour de force en obtenant que la Cour renonce à l'assassinat.

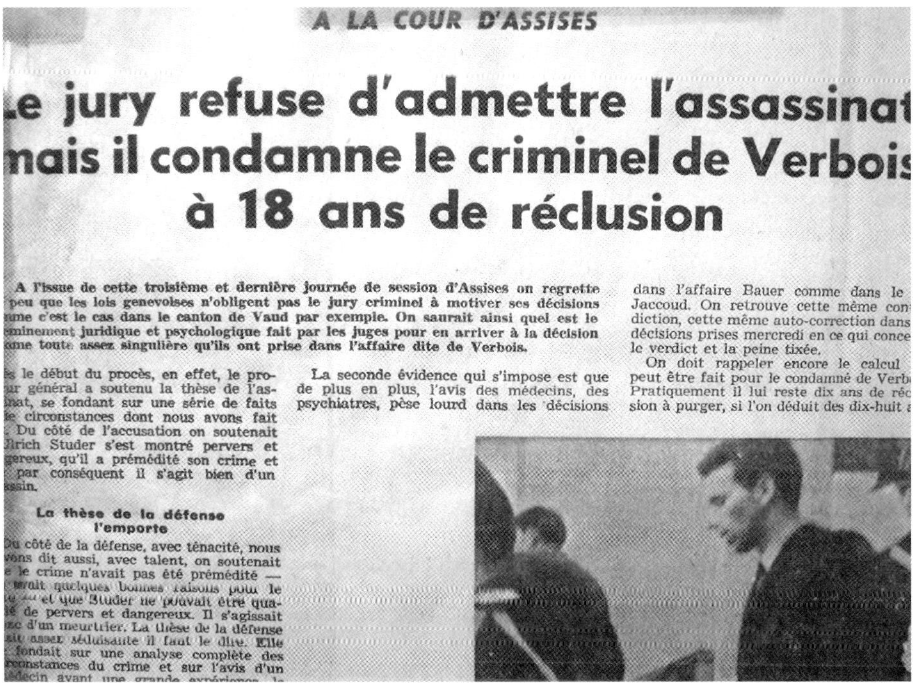

A LA COUR D'ASSISES

Le jury refuse d'admettre l'assassinat mais il condamne le criminel de Verbois à 18 ans de réclusion

A l'issue de cette troisième et dernière journée de session d'Assises on regrette peu que les lois genevoises n'obligent pas le jury criminel à motiver ses décisions mme c'est le cas dans le canton de Vaud par exemple. On saurait ainsi quel est le minement juridique et psychologique fait par les juges pour en arriver à la décision me toute assez singulière qu'ils ont prise dans l'affaire dite de Verbois.

s le début du procès, en effet, le pro- ur général a soutenu la thèse de l'as- nat, se fondant sur une série de faits e circonstances dont nous avons fait . Du côté de l'accusation on soutenait Jlrich Studer s'est montré pervers et gereux, qu'il a prémédité son crime et par conséquent il s'agit bien d'un ssin.

La thèse de la défense l'emporte

u côté de la défense, avec ténacité, nous ons dit aussi, avec talent, on soutenait e le crime n'avait pas été prémédité — ait quelques bonnes raisons pour le — et que Studer ne pouvait être qua- é de pervers et dangereux. Il s'agissait c d'un meurtrier. La thèse de la défense it assez séduisante il faut le dire. Elle fondait sur une analyse complète des onstances du crime et sur l'avis d'un édecin ayant une grande expérience...

La seconde évidence qui s'impose est que de plus en plus, l'avis des médecins, des psychiatres, pèse lourd dans les décisions

dans l'affaire Bauer comme dans le Jaccoud. On retrouve cette même con diction, cette même auto-correction dans décisions prises mercredi en ce qui conce le verdict et la peine tixée.

On doit rappeler encore le calcul peut être fait pour le condamné de Verb Pratiquement il lui reste dix ans de réc sion à purger, si l'on déduit des dix-huit a

La Tribune de Genève
23 novembre 1967

(Collection privée)

«J'AI LA PEINE DE MORT EN ABOMINATION!»

Dans la première moitié des années cinquante, jeune breveté au barreau genevois, Dominique Poncet a l'occasion d'effectuer un stage dans l'étude de Lord Nathan à Londres, l'avocat de l'ambassade de Suisse. Il assistera là-bas au prononcé d'une condamnation à mort. L'événement le marquera à tout jamais. Elle exacerba sans aucun doute l'empathie du jeune juriste pour les êtres, sa volonté de les comprendre, de les défendre.

«Si l'on admet le principe de la peine de mort, il faut être assuré que, tôt ou tard, un innocent sera exécuté» écrivait-il dans une tribune libre de La Suisse le 7 mai 1960. «Je suis fondamentalement opposé à la peine de mort; elle n'intimide pas; elle peut créer l'irréparable.»

Le pire cauchemar: l'erreur judiciaire. Il le répétera mille fois, mais notamment en ces termes dans La Tribune de Genève, dix-huit ans plus tard: «Si l'on est pour la peine de mort, il faut être prêt à la voir appliquée, y compris à son propre fils! On ne peut pas guillotiner seulement les enfants des autres...»

Quid, alors, de la valeur exemplaire de la peine, de l'intimidation qu'elle pourrait exercer? Dominique Poncet puisait souvent ses exemples dans l'histoire: «À l'époque où l'on pendait les voleurs sur la place publique – le public aimait ça! – il se trouvait parmi la foule des pickpockets qui commettaient l'infraction même pour laquelle on était en train de pendre devant leurs yeux...»

L'avocat redoutait l'erreur judiciaire et l'homme appréhendait l'horreur de l'acte, pour le condamné comme pour ses proches. Pour la mère de ce dernier en particulier. «Un acte de barbarie» insistait-il. A-t-on le droit de faire aux autres précisément ce qu'on leur reproche? «Je ne serais pas procureur général si j'étais amené à réclamer la peine de mort» avait déclaré Raymond Foëx qui partageait les convictions de l'avocat. Dans les années septante, quand la France finissait de régler ses comptes avec la guillotine, les deux hommes étaient régulièrement consultés à ce sujet par les médias.

Dominique Poncet aimait à rappeler l'avertissement de Victor Hugo aux Genevois, lorsqu'ils parlaient de réintroduire la peine de mort dans notre canton: «Un châtiment irréparable suppose un jury infaillible!» Et le jury étant humain...

Pourtant, il faut bien punir. Comment faire alors quand l'acte est terriblement grave? «En ce qui concerne les individus hautement dangereux et criminels reconnus, je ne suis pas du tout opposé à la réclusion à perpétuité, à une véritable détention à vie. Car si la perpétuité peut, dans certains cas, se voir accorder des réductions de peine, celles-ci ne sont nullement obligatoires.»

Et, à l'extrême inverse, pour les délits de peu d'importance, que penser des peines de substitution? Dominique Poncet n'y était pas réfractaire, même s'il pensait – après observation de nombreux cas – que les courtes peines de prison peuvent s'avérer favorables pour des délinquants primaires et très jeunes. Parfois, chez eux, le choc est efficace, pensait l'avocat qui y voyait aussi une solution pour lutter contre la surpopulation carcérale. Toutefois, disait-il dans Le Courrier du 18 août 1986, «cela ne doit pas devenir un gadget, une façon trop simple d'évacuer le problème.»

Le droit de l'accusé

Farouche opposant à la peine de mort, Dominique Poncet en vint tout naturellement à se passionner pour les Droits de l'homme. Il fut même un des précurseurs de la question dans notre pays.

Chargé du cours de procédure pénale depuis 1965 (en prenant la succession de Jean Graven) Dominique Poncet soutint en 1967 sa thèse de doctorat sur l'instruction contradictoire dans le système de procédure pénale genevois et en droit français. Le mémoire fut déposé beaucoup plus tard, en 1976, permettant enfin à l'enseignant de porter légitimement le titre de professeur qu'on lui attribuait depuis longtemps.

L'instruction contradictoire: ce terme très juridique abrite une notion de première importance, les droits de la défense. L'immense vulgarisateur qu'était Dominique Poncet avait choisi là un sujet en rapport avec ses préoccupations les plus immédiates. Le droit de l'homme, c'est le droit d'être jugé équitablement et pour cela il faut que l'instruction se déroule dans la plus parfaite objectivité. Avec, en plus, une totale présomption d'innocence, ce qui signifie que ce n'est pas à l'accusé de prouver son innocence, mais que c'est à l'accusation de prouver sa culpabilité. Le fondement central de notre système judiciaire. «Le grand principe» expliquait-il en 1982 à un journaliste de l'Illustré, «est qu'il vaut mieux laisser échapper un coupable que condamner un innocent.»

Quand le bâtonnier Pierre de Preux lui remit pour cinquante ans de présence au Barreau la médaille Bellot (du nom de l'auteur, en 1816, du serment que prête aujourd'hui encore chaque avocat), il évoqua cette passion de Me Poncet pour les droits de l'homme: «Vous êtes non seulement le savoir auquel puisent les avocats, mais surtout le fondateur d'une école, celle des avocats du contradictoire et de la revendication de la reconnaissance des droits inscrits dans la Convention européenne des droits de l'homme. Cela paraît naturel aujourd'hui, cela l'était beaucoup moins alors. Je fais ce rappel pour que les plus jeunes sachent d'où leur viennent ces réflexes, pour qu'ils reconnaissent leurs origines, leur filiation.»

À une époque en effet où la question indiffère passablement de monde, et même les professionnels du droit, Dominique Poncet, tel un visionnaire, va se passionner pour ces questions. «Avant même que l'entraide internationale, l'extradition ou la Convention européenne des droits de l'homme n'occupent une place importante dans la jurisprudence, il avait su s'en faire une spécialité» relèvent Gabriel Aubert et Philippe Neyroud dans un hommage rédigé en commun. «Poncet s'attaquait à la question alors que ce n'était pas du tout perçu comme un sujet de publication. Les avocats ne se sentaient pas concernés par cela, sauf peut-être les altermondialistes!» ajoute Philippe Neyroud.

Le thème n'était en fait pas loin de son sujet de thèse. Il va s'y attacher et sera un des premiers à faire introduire en Suisse cette jurisprudence, qui trouvera application dans de multiples domaines, jusque dans le droit fiscal. Une application proche de chacun et quotidienne ; mais aussi un aspect qui pouvait être beaucoup plus politique comme dans l'affaire Bozano où la France fut contrainte à rendre des comptes à la Cour européenne des droits de l'homme, faisant droit à une demande de l'avocat genevois.

Très tôt, Dominique Poncet avait perçu les modifications du droit et les nécessaires adaptations des études à ces changements. «Il avait une préscience de ces choses-là, explique Philippe Neyroud.» Il avait senti que l'entraide pénale internationale et l'extradition allaient devenir des domaines si vastes qu'il était opportun de s'y spécialiser. Et il était logique qu'au sein d'une étude aussi importante que la sienne, il fallait que le client trouve toutes les solutions à ses problèmes. D'où l'ampleur de l'entreprise. «L'avocat n'est plus un artisan travaillant en solitaire. Désormais, il évolue au sein de grandes équipes» disait-il à la Tribune de Genève d'octobre 1999 évoquant la «fusionnite» qui touchait le Barreau genevois.

Le droit devenait plus complexe, certes, mais les affaires de plus en plus nombreuses. Il expliquait la surabondance de causes défilant devant les tribunaux par une «américanisation certaine des mœurs sociétales, en ce qu'elle développe un système où la responsabilité est forcément recherchée, où l'on dénie le caractère de fatalité. Y a-t-il une avalanche? On se retourne contre la mairie de la station, les pisteurs, les remontées mécaniques. Développe-t-on un cancer du poumon? On accuse les cigarettiers. Plus rien de ce qui nous arrive n'a de cause fautive. Puisque quelque chose ne fonctionne pas, il y a forcément un responsable. Il n'est que de prendre la multiplication des actions en responsabilité civile, contre les entreprises, les médecins, les avocats, les architectes.» (Bilan, février 1998).

Plus d'affaires dit aussi pléthore d'avocats. Me Poncet n'en pensait rien de bon, dans le même article: «Elle induit une baisse certaine de la qualité de la justice. La profession, en même temps qu'elle s'est quantitativement développée, a perdu en considération. En ce sens, l'école moderne a failli à sa mission...»

UNE PREMIÈRE DANS LES DROITS DE L'HOMME

L'affaire Bozano

Le 6 mai 1971, à Gênes, Milena Sutter, fille d'un industriel suisse installé dans la capitale ligure, disparaissait à sa sortie de l'école suisse de la ville. Son corps était retrouvé le 20 mai, flottant au large.

Le 15 juin 1973, la Cour d'assises génoise, qui jugeait Lorenzo Bozano pour ce meurtre acquitte le prévenu, faute de preuves suffisantes. Mais le Ministère public fait appel et un nouveau procès s'ouvre en avril 1975. Bozano ne pourra y assister. Il est malade et vient d'être hospitalisé. Cette fois, sa responsabilité est retenue: Bozano est condamné à perpétuité.

Il dépose un appel qui sera rejeté. Quand la décision tombe et qu'il s'agit de le remettre sous les verrous, il n'est plus là.

Bozano s'est enfui et s'est reconstruit une vie sous le nom de Visconti à Limoges, en France. Il y vit sans encombre pendant trois ans. En 1979, à la suite d'une infraction au code de la route, il est arrêté parce qu'il présente des faux papiers.

L'Italie lance alors un mandat international et réclame son extradition. Le cas est soumis à la Cour d'appel de Limoges qui – suivant les arguments de Me Badinter, l'avocat de Bozano – n'accepte pas l'extradition. Les juges estiment que le second procès italien de Bozano ne s'est pas déroulé dans les règles et que les droits de la défense n'ont pas été respectés en accord avec le droit français. Bozano est libéré en attendant son jugement pour usage de faux papiers.

Mais le 26 octobre 1979, il est interpellé par deux policiers qui le conduisent 800 kilomètres plus loin, à la frontière genevoise. La décision d'expulsion qui va contre le refus judiciaire d'extrader, émane du Ministère de l'intérieur.

On n'a pas choisi la Suisse par hasard: le pays est lié à l'Italie par une convention d'extradition du 13 décembre 1957 et un mandat d'arrêt extraditionnel déposé par les Italiens contre Bozano figure depuis le 5 avril 1976 dans le *Moniteur suisse de police.*

Pour les défenseurs genevois de Bozano, Me Dominique Poncet et Philippe Neyroud, il s'agit là d'une extradition déguisée et non légitime contre laquelle ils s'insurgent. Ils parlent «d'échange de bons procédés» entre les polices française et suisse. La détention de leur client n'est pas justifiée. Ils vont dès lors demander sa mise en liberté devant la Chambre d'accusation.

Me Poncet accuse la police française d'avoir voulu contourner la décision des juges de Limoges et d'avoir extradé malgré tout «par Suisse interposée». Il abjure la Chambre de ne pas se rendre «complice d'un type de manœuvre qui consacre la construction d'une Europe des polices où les décisions de justice restent lettre morte».

Il s'agit en somme d'un enlèvement, appuye Me Neyroud, qui demande à la Chambre de se déclarer compétente pour juger une telle violation de la loi. En attendant qu'une instance soit créée par la grâce d'une loi en préparation, les juridictions cantonales doivent suppléer aux carences fédérales.

Me Oederlin, pour la famille Sutter, explique que l'extradition est affaire d'État et que donc seule la Confédération est compétente. Maurice Harari, substitut du procureur, enchaîne en déclarant que la détention est parfaitement régulière, Bozano ayant été «arrêté» du côté suisse de la frontière et non sur le territoire français de la douane comme le dit la défense.

«Nous ne sommes pas compétents» disent les juges de la Chambre puisqu'il s'agit d'une détention extraditionnelle et qu'une libération provisoire, dans ce cas, n'est pas prévue par la loi. C'est donc à Lausanne que se jouera la suite de la partie. Le Tribunal fédéral, à son tour, montre une hâte particulière à se débarrasser de Bozano. Il ne s'estime pas fondé à entrer en matière sur le procès de Gênes.

(Collection privée)

Les juges de Mon-Repos trouvent normal que la France expulse Bozano «et qu'elle le fasse à une frontière donnée plutôt que de le laisser violer les lois d'un autre pays en s'y introduisant clandestinement. Ils concluent donc en justifiant la mise à disposition de l'Italie du condamné à perpétuité.

La défense, aussitôt, saisit la Cour européenne des droits de l'homme. Trois jours plus tard, et sans attendre la réponse de Strasbourg, Bozano est transféré dans son pays natal et incarcéré, le 18 juin 1980, au pénitencier de Porto Azzuro sur l'Île d'Elbe où il purgera sa peine pendant plusieurs années.

Parallèlement, la justice française balaye devant sa porte: le tribunal administratif de Limoges annulait l'arrêté d'expulsion du Ministère de l'intérieur d'octobre 1979 ayant conduit à la «livraison» de Bozano à Genève. Il y a eu «détournement de pouvoir» disent les juges du tribunal administratif.

Plus fort encore: la Cour européenne des Droits de l'homme, saisie d'un recours déposés par les avocats de Bozano le 30 mars 1982, rend le 18 décembre 1986 un arrêt «historique» puisqu'il constitue la première condamnation de la France devant l'instance suprême européenne. Alors que Bozano était embastillé sur l'Île d'Elbe, les juges du Palais des Droits de l'homme fustigeaient «l'enlèvement» d'octobre 1979. Ils qualifiaient l'expédition policière entre Limoges et Moillesulaz de «mesure d'extradition déguisée» et la détention de Bozano pendant ce voyage de «privation de liberté (...) pas régulière».

Il y a donc bien eu violation de l'article 5 § 1 de la Convention européenne des Droits de l'Homme (CEDH). Toutefois, les juges ne font pas droit à la demande Bozano qui souhaitait – si on lui reconnaissait un traitement illégal – que l'on intervienne diplomatiquement auprès des autorités italiennes pour obtenir sa mise en liberté. L'arrêt du 18 décembre 1986 vise l'attitude de la France et non le jugement prononcé par le tribunal de Gênes. Il n'y a donc pas lieu d'intervenir pour faire libérer le prisonnier.

Dans un second arrêt du 2 décembre 1987, la France fut condamnée à payer FF 100 000.– à Bozano au titre du dommage subi et près de FF 140 000.– pour les frais de sa défense.

En raison de sa bonne conduite, Bozano bénéficia à la fin des années 1990 d'une semi-liberté qui fut révoquée en 2001. Il avait «omis» de déclarer au fisc d'importants revenus provenant de son élevage de volailles et il a été accusé de s'être mal conduit auprès d'une fillette. Ces antécédents jouant contre lui, il retrouva sa cellule du pénitencier.

Genève : les avocats des bandits de Carouge ont plaidé l'indulgence

De notre correspondant :

L'ambiance fut tour à tour tendue et détendue à la Cour d'assises de Genève pour le deuxième jour d'audience du procès des bandits de Carouge.

Sur la sellette d'abord : Charles Lointier. C'est lui qui discuta avec la police, par téléphone. A son crédit le fait de n'avoir pas tiré, et d'avoir été le plus peureux des deux. Lointier se défendit assez habilement et se montra très coopératif.

C'est tout juste s'il ne tressa pas une auréole à la police.

Tant Lointier que Jean-Pierre Chiche, qui lui succéda sur le gril de l'interrogatoire, eurent un peu trop tendance à charger l'absent, le mort, Michel Laurent, qui fut leur chef, leur mauvais génie.

Face aux questions gênantes, Jean-Pierre Chiche évoqua des troubles de mémoire. Il ne se souvient plus. Quatre mois au cachot, au régime du secret, ont effacé ses souvenirs.

Son cas est plus sérieux que celui de son camarade. Car, Chiche, lui, a tiré. Deux fois. Une fois par inadvertance, paraît-il, l'autre fois en visant... un panneau publicitaire. R. T.

(Suite page 15)

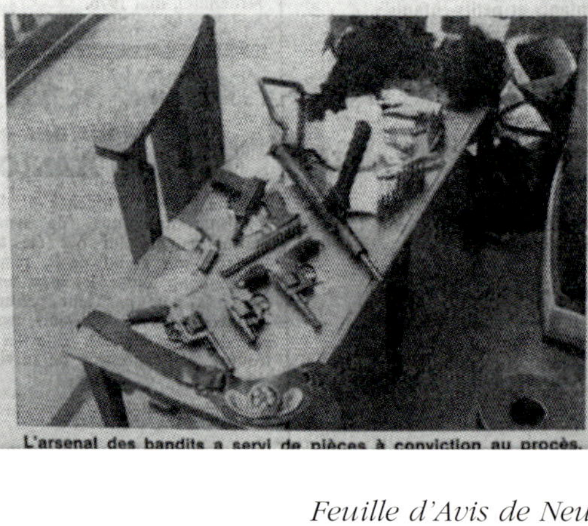

L'arsenal des bandits a servi de pièces à conviction au procès.

Feuille d'Avis de Neuchâtel
6 mai 1976

LE HOLD-UP
DE CAROUGE

Des gangsters au cœur tendre

Chaque Genevois se souvient sans doute de l'affaire. Ne serait-ce que parce qu'elle fut télévisée en direct. À l'époque, nous n'avions pas encore l'habitude de l'information instantanée. Or la prise d'otage ayant duré près de onze heures, la Télévision romande avait eu le temps d'installer sur place une de ses équipes. Nous fûmes donc des milliers à suivre le suspense minute par minute sur le petit écran, tandis que d'autres allaient au spectacle sur place. Le trafic fut interrompu dans tout le quartier, la foule s'amassant sur le Rondeau, contenue par des cordons de police. Plus de 400 agents, au total, auront été mobilisés pour l'opération.

Trois truands étaient venus de France pour s'attaquer à l'agence carougeoise de la Caisse Hypothécaire, sise à l'angle de la place du Rondeau. L'affaire dépassa-t-elle leur capacité? Toujours est-il que les trois malfrats, qui n'en voulaient qu'à l'argent, en vinrent à s'emparer d'otages. Ils perdaient les pédales, c'était évident. La police le sentait, qui travaillait en douceur. Qui n'a pas encore devant les yeux cet inspecteur de la Crime apportant quelque ravitaillement aux reclus après avoir ôté son pantalon selon l'exigence des braqueurs? L'affaire est historique. Ce fut le premier hold-up avec prise d'otages dans notre pays. Le premier fait divers à être autant médiatisé. Justice, presse et police ont habilement collaboré. En tous points, le dossier est exemplaire.

Reprenons le fil des événements: vers 10 heures du matin, ce 20 avril 1974, trois hommes cagoulés pénètrent dans la banque. Ils menacent, exigent de l'argent et les employés s'exécutent en silence. À quelques minutes près, le coup est réussi. Mais voilà qu'une employée aperçoit la scène depuis son bureau où elle est en train de téléphoner. Elle hurle et provoque un court-circuit dans le scénario savamment ficelé des truands.

Parce que son cri est perçu à l'autre bout du fil, l'alarme est donnée. Un des malfrats a beau la jeter par terre, l'empêcher de crier, il est trop tard. La police est en route. Les trois gangsters se replient alors à l'intérieur de l'établissement, prenant en otage Marguerite, 64 ans, déjà victime d'un hold-up dans une autre agence, et Prisca, 27 ans. Un des hommes fait feu sur la police qui réplique, bien sûr, et le blesse mortellement. Il parviendra à fuir pour regagner sa planque non loin de là. Il y sera arrêté et mourra un mois plus tard à l'hôpital. C'était le meneur. Les deux autres sont à présent en roue libre.

Le suspense commence. Les braqueurs, presque malgré eux, sont devenus des preneurs d'otages. Un rôle auquel ils n'étaient absolument pas préparés. Une curieuse comédie se déroule à partir de ce moment. Patrice Pottier, à la Tribune de Genève, a rédigé ce soir-là le papier sans doute le plus surprenant de sa carrière. Obtenant du procureur l'autorisation de téléphoner à la banque et d'enregistrer sa conversation avec les agresseurs, le quotidien genevois recueille des déclarations ahurissantes qui pèseront de tout leur poids lors du procès.

«J'suis pas un salopard, j'ai jamais tué personne. Si la police ne fait pas de conneries, tout ira bien j'ai pas l'intention de tuer les otages. Je demande une voiture pour partir dans la nuit mais pas une voiture piégée ou trafiquée. (…) » Le gangster qui s'exprime avec une pointe d'accent méridional tient alors les deux otages en respect à l'intérieur de la banque. Après un premier téléphone, c'est lui qui rappelle la rédaction. Le dialogue qui s'ensuit est littéralement surréaliste.

– Tribune de Genève: Qu'est-ce que vous comptez faire maintenant? Qu'avez-vous à nous dire?

– Ben, on est cuits, quoi!

– Alors, pourquoi ne pas relâcher les otages?

– Parce qu'ils protègent notre vie. Mais il faut pas dire qu'on a des enfants avec nous. Si je me fais descendre, je ne veux pas que ma mère croie que je suis un salaud. Pour prendre des enfants comme otages, il faut être une ordure.

– Et vous croyez que votre mère va vous prendre pour un héros?

– Non, mais j'ai plus qu'une chance de m'en tirer, c'est les otages.

Au milieu de la journée, la Tribune de Genève fait appel à Me Dominique Poncet afin qu'il officie comme négociateur. L'avocat accepte ce curieux défi. Quand il a le malfaiteur au téléphone il cherche à le convaincre de se rendre. Il lui explique ce qu'il risque en s'entêtant, c'est-à-dire la réclusion avec un maximum de 20 ans. Le juriste complète le tableau en conseillant au malfaiteur de libérer les otages et de se livrer, ce qui lui permettrait de bénéficier de circonstances atténuantes. Dominique Poncet promet même son assistance gratuite à l'homme qu'il a au bout du fil. Un argument qui ne sera peut-être pas décisif mais dont Charles L. ne manquera pas de se souvenir en temps voulu!

L'après-midi avance, le dialogue reprend entre l'avocat et le braqueur:

– Vous avez dit ce matin que vous ne vouliez pas passer pour un salaud. Se réfugier derrière les otages, ce n'est pas du courage...

– Oui, je sais, dit-il, c'est dégueulasse ce que je fais, mais je n'ai pas le choix. Si la police est intelligente, il ne se passera rien de grave. Peut-être que je me ferai prendre après. Ça m'est égal. Mais je veux courir ma chance.

– Et croyez-vous que ce que vous faites est intelligent?

– Si j'avais été intelligent, je ne serais pas là...

Au bout de longues minutes, la communication est interrompue.

Dialogue par téléphone avec l'un des malfaite

«Si j'étais intelligent Je ne serais pas là»

● «Je ne veux tuer personne, je veux qu'on me laisse partir»

La Tribune de Genève
21 mai 1974

En réalité, derrière leurs tentatives de fanfaronnades, les bandits sont dépassés par leur acte. Ils paniquent littéralement à l'idée que les policiers vont donner l'assaut, réduisant au minimum leurs chances de survie. La police n'a pas besoin d'un psychologue en ses rangs pour s'en rendre compte. Sous la conduite de l'Officier Grin (le ravitailleur en petite tenue), la maréchaussée fait patiemment le siège de l'agence, guettant la faute, la maladresse. Ces hommes-là n'ont pas de carrure. Ils vont craquer.

On leur fournit la voiture qu'ils réclament. Quand ils sortent finalement avec leurs prisonnières, il est presque 21 heures. Onze heures que la prise d'otages a commencé. De la foule partent des cris: «Tuez-les!»

ction et un talent
'eraient pas honte
rsailles — les plus
ce — ont étoffé à
robe d'un jeune
irme. « La défense,
i'est pas ici pour
hold-up est banal
éfense est là parce
l'a voulu. On ne
e qui ne doit pas
endre que le dos-
st un puzzle qu'on
'on veut avoir une
affaire ».
ju'il aurait souhai-
c'était le plus beau
« il a oublié d'ajou-
de relever Me Do-
ue c'était en l'oc-
lifficile. Qu'on nous
iclusion : Pascal af-
in avocat est payé,
'en déplaise au phi-
se tortiller dans sa
ique Poncet défen-
Charles Lointier
t publiquement en-
old-up en négociant
vie des deux otages.
rry MASSELOT

ıement

Ci-dessus, un des gangsters s'approche du butin afin de vérifier si la police tente de donner l'assaut.

Ci-dessous, le gangster dépose le sac dans la voiture mise à disposition par la police. (photos archive Desarze

La Suisse
mai 1976

Aussi maladroitement que pour tout le reste, les voleurs libèrent leurs otages quelques instants plus tard dans une rue de Carouge, leur remettant leurs armes : ils veulent que la police sache qu'ils ne sont plus armés ! Et, comble de sottise, ils s'engouffrent avec la voiture mise à leur disposition dans un parking souterrain. Le piège parfait. Qui se referme d'ailleurs sur eux très peu de temps après. Ils seront cueillis sur place comme des débutants.

Leur procès s'ouvre devant les Assises de Genève le 4 mai 1976. Comme promis par téléphone, Dominique Poncet assure la défense de L. avec le concours de son jeune frère Charles Poncet. Jean-Pierre C. a confié ses intérêts à Me Albert-Louis Dupont-Willemin. Le palais de justice se transforme en place forte ; des mesures exceptionnelles de sécurité sont prises pour une affaire qui ne connaît aucun précédent à Genève. Il y a même un gendarme dans le prétoire pour veiller d'un œil attentif sur la table des pièces à conviction où s'entasse l'impressionnant arsenal des gangsters.

Sur le banc des accusés, entre deux gendarmes portant tricornes, sont assis deux hommes qui semblent se demander ce qu'ils font ici. L. vêtu d'un blazer et d'un strict pantalon gris. Il serait certainement plus à l'aise dans sa tenue classique d'ostréiculteur. Mais là, seul le bleu de ses yeux rappelle la Méditerranée. Il se tourne sans cesse vers ses avocats, l'air désemparé.

C. arbore, lui, un costume de velours gris et des bottines. Son visage basané reste impassible.

L'audition des témoins fait vite ressortir l'incompétence des gangsters. Sur la brèche à la moindre question, Charles et Dominique Poncet ne laissent déborder aucun témoignage. Quand un témoin parle de mitraillettes, les avocats sursautent : il y a eu des tirs de la part de C., mais deux fois seulement. Une fois « par inadvertance », l'autre en visant un panneau publicitaire. « Un coup de semonce » expliquera l'inculpé, qui visait à dissuader les policiers de donner l'assaut.

Mais les témoins sont aussi ceux de la défense. Venus de Trouville ou de Paris, les proches des inculpés vont émouvoir la salle. Ils vont expliquer le parcours de ces deux hommes tombés sous l'influence de celui qui avait mis sur pied le projet, celui qui a tiré sur la police et pris la riposte en plein ventre. Les absents n'ont-ils pas toujours tort? Alors on va charger celui qui n'est plus là pour se défendre. C'est de bonne guerre.

Après les questions, après les explications, vient enfin l'heure des plaidoiries, celle que le public attend avec impatience étant donné la carrure des hommes qui vont successivement prendre la parole. Raymond Foex n'est pas le moindre d'entre eux. Son réquisitoire est fait de nuances, de subtilités, d'un vocabulaire et d'un ton mesurés mais les flèches acérées de ses arguments touchent au centre de la cible: «Une telle agression vous menace tous, Messieurs les jurés. Vous-mêmes, vous êtes au-dessus de la foule qui criait «Tuez-les», mais vous êtes aussi les gardiens de la sécurité publique.»

Charles Poncet, à son tour, entre dans l'arène. Il explique comment son client a eu peur du caïd aujourd'hui décédé qui l'a entraîné dans cette aventure. Il ajoute que si l'inculpé n'a pas été plus bavard quant aux complicités entourant le hold-up, c'est parce qu'il craint encore aujourd'hui les «autres», ceux qui sont encore dehors et qui pourrait s'en prendre à sa femme et à son enfant. Les caïds de la place du Rondeau ne sont plus que des sales gamins en larmes parce qu'ils viennent de réaliser quelle grosse bêtise ils ont commise.

L'état de son client permet à Me Poncet d'évoquer une santé mentale chancelante. Mais la crainte inspirée par le meneur, celle qui devait minimiser la responsabilité des deux accusés n'a pas été retenue par la Cour. Les deux hommes sont reconnus pleinement et entièrement coupables de brigandage qualifié.

C'est lourd. Il n'y a pas de pardon. Le poids est donc énorme sur les épaules des avocats à l'heure de négocier la peine. Raymond Foex réclame quinze ans de réclusion.

Lentement, Dominique Poncet développe ses arguments. «Quinze ans, dit-il, c'est de l'élimination! Qu'allez-vous faire de lui, Messieurs les jurés, en le condamnant à une si lourde peine?» Alors, avec le pathos qu'il sait particulièrement bien développer, Dominique Poncet raconte. Il dit comment le jeune Charles L. est passé de l'alcoolisme de sa mère à l'ivresse de sa première femme. Celle qui lui a fait un enfant quand il n'avait pas seize ans. Comment un amant de sa mère l'a initié à ses premiers mauvais coups, comment il a été pris dans une filière, dans un engrenage de malheurs qui, fatalement, l'a conduit à ne pas fréquenter des anges. L'avocat dit aussi comment

Charles L. a décidé un jour de tourner la page, de descendre de vers le sud pour mettre de la distance avec son passé. Par chance, il y a trouvé l'amour et une passion professionnelle. Le petit malfrat de Trouville est parvenu à se refaire une vertu dans l'ostréiculture. Mais voilà que son passé lui saute à la gorge. Le destin a pris les traits d'un mauvais garçon venu travailler dans son exploitation. Qui flaire la faiblesse et pousse son patron au crime : le voyage à Genève avait pour but de décrocher des clients, acheteurs d'huîtres. Charles L. était venu avec son permis de pêche dans la poche – il figure dans les pièces à conviction ! – et c'est son employé qui a tout manigancé. L. n'avait rien décidé, il a suivi par peur, il a braqué par manque de caractère, il a paniqué parce que ce n'était pas ce qu'il voulait. Oubliés, les deux hommes qui ont tenu en haleine 400 policiers pendant toute une journée !

Le jury suivra. Il réduira considérablement la peine réclamée, infligeant tout de même neuf ans de réclusion aux deux hommes. Avec l'espérance de libération conditionnelle, calcule une chroniqueuse du Courrier dans son édition du 6 mai 1976, il restait aux condamnés quatre ans de prison à accomplir. « Quatre ans, cela fait quand même 1460 jours entre quatre murs. C'est encore trop par rapport à l'œuvre, au talent et à la merveilleuse leçon d'humanisme que nous donnèrent les avocats de la défense. »

Le hold-up de Carouge aux Assises

Les deux accusés s'en tirent avec neuf ans de réclusion

Le procureur général en avait demandé quinze

Salle comble pour entendre le président Pierre Greber prononcer le jugement qui condamne Charles-Joseph Lointier,

ton révèle une sévérité qui contraste avec la clémence du jugement. Les débats sont clos.

près de deux ans de détention pr
et compte tenu de la libération c
nelle (généralement accordée a

La Tribune de Genève
6 mai 1976

Me Poncet: «Une famille

L'ILLUSTRE — *Il*
nition juridique p
Chaque médecin,
dont il dispose et
sienne.

Me PONCET –
n'est plus le fait q
non qui définit la r
le réanimer, le con
ment à travailler.
donc pris pour crit
tions cérébrales du
sonnellement, cela
quoi pas 47 ou 49
qui — nous fais
médecins — assure
plète.

— *Au cas, natu*
veau n'est pas end
s'il s'agit d'une
crâne, que la moit
levée, il n'y a plus

— Mais si ce n'
vous dit: « Mainte
n'y a plus rien à fa
vingt ans, il y aura
qui aura un Prix
47e heure (c'est
mense ânerie médi
vérités scientifique
luer...) trouvera de
pose, en droit, des
Parce qu'il n'est pl
sentement de la fa
du « mort » qui n'e

— *On n'en sorti*

— Je me deman
envisager, avant u

L'Illustré
16 octobre 1969

VOX POPULI

«J'ai toujours eu foi dans le jury, parce qu'il vient considérer les affaires pénales sans les habitudes, l'insensibilité des professionnels. Mais vous tout vous frappe, tout vous émeut.» Ainsi s'adressait, en 1961, Me Raymond Nicolet aux douze citoyens appelés à juger Richard Bauer. «Nous avons confiance en vous» concluait-il, aux côtés de Dominique Poncet.

Dans la droite ligne de son maître et modèle, Me Poncet a toujours été un fervent défenseur du jury populaire. Ainsi dans une affaire de légitime défense, en 1987: «Les avocats préfèrent plaider pour meurtre, car la cause ira en Cour d'Assises où, par la présence des jurés, l'accusé a plus de chance d'être acquitté.» Tandis que devant un tribunal correctionnel, un magistrat de carrière appliquera une sanction plus «tarifée» que chargée d'émotion. Les juges de métier, pensait-il, sont victimes d'une certaine «déformation professionnelle», qui peut parfois être à l'avantage du prévenu en ne le soumettant pas à la vindicte populaire. Émanation du peuple, le jury exprimait, selon Me Poncet, la volonté populaire. Ce qui le rend éminemment respectable en démocratie. À chaque remise en question du système du jury, Me Poncet est monté aux barricades pour la survie de l'institution.

Le but des fondateurs du jury populaire, en Angleterre, était de permettre à un prévenu d'être jugé par ses pairs qui n'avaient qu'à se prononcer sur sa culpabilité. Pourquoi sont-ils douze? «Peut-être par référence aux douze apôtres, parmi lesquels il y avait forcément un Judas!», répondait le professeur Poncet. Dans des grands procès anti-mafia, par exemple, en Italie, bien des jurés se «défilaient». Dominique Poncet leur trouvait des circonstances atténuantes. «On ne peut pas demander à des juges d'occasion de jouer les héros.»

Le jury étant constitué de caractères multiples, il est à chaque fois différent. Le juré a ses propres convictions politiques, religieuses, morales. Il lit la presse, jour après jour lors d'une audience de longue durée. Il peut donc être influencé par de nombreux paramètres, ce qui incite des avocats à préférer des jugements sans jury.

Les personnalités composant ce jury sont donc très importantes. Les jurés, tirés au sort sur le rôle des électeurs, sont convoqués au tribunal à l'orée de la session d'Assises. Les avocats en reçoivent la liste avant l'audience. Le sexe, l'âge ou la profession permettent déjà un premier classement. Les avocats de la défense, à l'ouverture de l'audience, peuvent, tout comme le représentant du Ministère public, récuser jusqu'à huit de ces juges d'un jour.

Marc Bonnant garde un souvenir particulier du procès de Bernie Cornfeld: «Dominique avait étudié la liste des jurés. Il connaissait leurs noms par cœur. À mesure qu'ils étaient tirés au sort, il faisait l'adéquation entre l'identité et le visage. Il était guidé par une intuition hors norme. Il accomplissait l'exercice avec une très grande attention.»

Après ce choix, quand le procès commençait, Me Poncet avait un échange régulier avec les douze jurés (quatorze avec les deux suppléants), il les scrutait sans cesse. «Il plaidait pour le jury, raconte Me Bonnant. Il avait un choix précis des mots, des arguments et des images, selon les visages qu'il avait en face de lui.» Sans doute le professeur bénéficiait-il d'une aura supplémentaire de par son statut d'enseignant. Impossible de mettre en doute ses propos. Mais son talent était au-delà de cette facilité. La plaidoirie étant sobre et dépouillée, elle pouvait atteindre chacun, quel que soit son niveau d'instruction. «Il avait une culture étourdissante mais souvent, il faisait le choix de sabrer. Il parlait simplement aux jurés. Il savait dire les choses qui les rassuraient, qui les touchaient.»

> *«Grâce à Dominique Poncet, combien de jurés ont-ils eu la fierté d'exercer la justice? Combien d'entre eux, après avoir écouté une de ses plaidoiries, ont eu l'impression de sortir de la salle moins bêtes qu'ils n'y étaient entrés?»*
>
> Jean-Noël Cuénod

MEURTRE
À LA RUE DANCET

La nuit au long couteau

24 juillet 1974. Il fait chaud et presque jour lorsque l'agent en faction reçoit ce curieux appel: «C'est bien la police? Vous devez venir, j'ai tué quelqu'un! Je vous attends sur place, au 5e étage du 22 rue Dancet...» Le correspondant a déjà raccroché. Le policier n'en croit pas ses oreilles, il soupçonne même une (mauvaise) plaisanterie, mais le devoir lui impose de donner l'alerte.

En effet, dans l'appartement dont la porte est restée entrouverte, ils trouvent un homme torse nu, barbouillé de sang. La présence d'esprit qui lui a permis d'appeler au secours s'est déjà dissipée. Il est hagard et désigne du doigt la chambre d'à côté. Là, le spectacle est insoutenable. Ce qui était sans doute une belle femme de 29 ans quelques heures auparavant, n'est plus qu'un amas de chair et de sang. Au total, le légiste dénombrera 39 coups de couteau sur le corps de la malheureuse, dont 26 au moins ont été mortels, touchant le cœur, la rate, le foie ou les poumons. C'est dire si elle avait peu de chance de s'en sortir.

A priori, tout est contre le meurtrier surtout dans le contexte de l'époque: il est arabe, il a tué sans raison ou seulement par jalousie, ou, comme tous les hommes de cette race – disent même certains –, parce qu'il voulait posséder la morte comme on possède une jument. Sordide et violent.

Il faudra attendre le jugement pour voir le meurtrier – et sa victime – sous un autre jour. D'abord parce que les expertises psychiatriques effectuées pendant la préventive démontrent que le prévenu n'était que partiellement responsable de ses actes au moment des faits, mais aussi par l'exposé de la personnalité de la morte et de son amant devenu bourreau.

Parce qu'il avait essayé de se fracasser la tête contre les murs de sa prison, l'accusé a d'ailleurs accompli une partie de sa détention préventive en clinique psychiatrique.

L'ombre d'un homme

C'est l'ombre d'un homme que les curieux viennent observer dans la salle de Cour d'assises en ce 2 mai 1976. Ce n'est plus le bel Égyptien qui avait séduit Jean Stewart, là-bas, dans le désert, alors que la belle Américaine y passait des vacances.

Ensemble, ils avaient regagné Genève pour y poursuivre une relation ambiguë. Motié Ismaïl est fou amoureux. Jean s'amuse. Elle utilise le garçon, elle joue tel un chat avec une souris. Il souffre. Il menace. Elle rigole. Elle nargue même. Motié et Jean illustrent parfaitement le choc des cultures: lui, musulman, souhaite une compagne, voire une épouse, qui ne peut lui être que fidèle. Elle, symbolise parfaitement la femme américaine, indépendante et libre.

En fait, ils avaient tout contre eux.

Pendant cette nuit du 24 juillet, les amants se disputent une fois de plus. Elle annonce qu'elle va partir en vacances dans son pays et qu'elle a bien l'intention de le tromper dès que l'occasion se présentera. «Si tu le fais, je te tue» promet le garçon. «Tu n'es pas assez viril pour ça!» Elle a frappé dans le mille. Il voit rouge, saisit un poignard qui se trouve là et l'enfonce dans ce corps tant aimé. Une fois, deux fois... «Je me souviens des premiers coups que j'ai donnés, répétera-t-il au procès, mais après, plus rien. Le trou noir.»

Seul contre tous

Chez un bookmaker, Motié ne vaudrait pas lourd. Un beau garçon, préparant une thèse à l'Institut des Hautes Études Internationales aux frais de son pays, intelligent voire surdoué, accueilli en Suisse sans restrictions... comment cet être-là a-t-il pu se conduire de manière aussi atroce?

Qui peut trouver les mots justifiant un tel comportement?

– Une seule personne: son avocat. Et Dominique Poncet fut cet avocat. Avec panache. Il fut celui qui inverse la vapeur, qui réécrit le scénario tragique avec d'autres mots. Le seul qui ose parler d'amour quand d'autres ne voient que le machisme ou la haine. Pied à pied, il défendra le sort de son client «que rien ne préparait à comparaître devant une cour criminelle». Agissant au plus près d'une maxime qui fut celle de toute sa vie: «Défendre, défendre, et défendre encore».

Sous le pinceau du talent de Dominique Poncet, Motié Ismaïl, 38 ans, n'est pas tant le garçon brillant à la vie facile que d'aucuns ont décrit. Il a combattu dans l'armée égyptienne et ce genre d'expérience n'a pas pour vertu d'équilibrer les êtres. Il était seul en Europe, baigné dans une culture qui n'était pas la sienne, sans ami auprès de qui se confier, avec un ennemi juré: l'alcool.

Sa condition de musulman lui fait interdiction d'en boire, mais les habitudes de chez nous l'ont entraîné, Jean en particulier (que des témoins honnêtes viennent aujourd'hui qualifier de dépressive et de légèrement alcoolique). Il n'était pas ivre, le soir du crime. Pensez si des analyses ont été faites! Il avait tout juste 0,7 pour mille d'alcool dans le sang, soit un taux lui permettant encore – à l'époque! – de prendre le volant.

Le portrait dressé par l'accusation se décolore encore plus lorsqu'on apprend que Motié, jeune enfant a vu mourir son frère. Qu'il a souffert en plus de l'éclatement de sa famille et a trimbalé avec lui une honte particulière: celle d'une mère musulmane qui a trompé son mari avant de disparaître en abandonnant sa famille et en demandant le divorce, ce qui fit mourir de honte et de chagrin le père de l'accusé. Motié ne s'en est jamais remis.

C'est cela qu'il n'a pas supporté chez Jean. Cette menace de voir une fois de plus dans sa vie une femme se moquer de lui, lui a fait perdre ses moyens. Cette menace touchant au plus profond de ses souvenirs d'enfant a déclenché le drame, ce que les psychiatres surnomment le «raptus anxieux», le déferlement de violence.

Les jurés sont attentifs. Ils intègrent petit à petit ce nouveau personnage et le replacent dans son nouveau décor. Le public, formé d'étudiants, d'une classe de philosophie du Collège Calvin, d'aspirants policiers, mais aussi de banals curieux, retient son souffle. La magie de Dominique Poncet, dira Henri-François Berchet, dans les colonnes de la Tribune de Genève, sera de «nous faire oublier que, dans cette folle aventure des amants terrible style XIXe siècle, une femme – quels que soient ses défauts, sa responsabilité – a perdu la vie».

Les passes d'armes sont fréquentes entre le président Pierre Greber et Me Poncet. Ainsi, quand, à l'appui des thèses scientifiques déposées par les experts, l'avocat parle de passion, le magistrat conteste: «Passion n'est pas un terme scientifique.» «N'empêche que ça existe» rétorque Me Poncet qui sent le public se ranger de son côté après l'énoncé des circonstances ayant entouré le drame.

L'avocat plaide avec ses tripes, certes, mais aussi avec la jurisprudence récente. Il rappelle que lorsqu'on parle de l'accusé, il ne faut pas seulement tenir compte des circonstances existant au moment précis de l'acte, mais aussi de celles dessinant l'existence du prévenu au sens large. C'est très habile, car il écarte ainsi le reproche de n'évoquer le passé que pour apitoyer le jury. C'est la loi qui exige de lui qu'il le fasse! Son statut de professeur de procédure pénale, de surcroît, en impose au simple citoyen composant le jury.

Et Dominique Poncet va gagner. Il aura arraché ici un des plus grands succès de sa carrière même s'il sera terni par la suite. Le meurtre par passion (art. 113 cp) est concédé, la responsabilité restreinte également. Mlle Éliane Hurni, substitut, avait requis sept ans. La Cour condamne à cinq ans.

Déduction faite de la préventive, le solde de la peine à subir est minime.

Mais ce n'est pas fini.

En septembre, Me Poncet recourt devant la Cour de cassation. Il avait posé en plaidant la question de l'irresponsabilité de son client et les jurés, tout en l'écartant, n'y ont pas répondu. Cela pourrait conduire à l'annulation du verdict, à un nouveau jugement. Pour démontrer la valeur de ses arguments, Me Poncet remonte dans l'histoire judiciaire jusqu'au dix-neuvième siècle pour démontrer que l'on ne saurait se contenter de réponses incomplètes ou manquantes. Il s'agit d'une violation des dispositions de procédure, dit l'avocat. «C'est l'oubli d'un greffier» plaide le Ministère public. Après, c'est l'attente.

Quand il apprend le rejet de son pourvoi, un jour froid de décembre, Ismaïl ne manifeste aucune émotion apparente.

Mais il se pend dans sa cellule durant la nuit suivante.

Longtemps après, quand on lui demandera s'il a parfois eu des doutes, Dominique Poncet évoquera le cas d'Ismaïl. Un échec qu'il n'aura jamais vraiment digéré.

(Collection privée)

IL Y A LE CODE NAPOLÉON ET LE CODE PONCET

Depuis la publication de sa thèse de doctorat sur «L'instruction contradictoire dans le système de procédure pénale genevois et le droit français», Me Poncet devenait une référence juridique dans notre cité. Le document, préfacé par la référence de l'époque en la matière, le professeur Jean Graven, comportait 260 pages. Comme le relevait Robert Patry dans la Semaine judiciaire de 1969, la thèse constituait «un commentaire détaillé et solidement motivé» de la procédure pénale en vigueur dans le canton et abordait sa réforme qui était en pleine élaboration.

Le projet était dans l'air depuis le début des années cinquante. Le Conseil d'État avait nommé en 1950 les experts chargés de le mettre au point. La commission parlementaire ainsi formée, s'adjoignit les services d'un secrétaire qui le resta pour vingt ans: Dominique Poncet. Dans la droite ligne de sa thèse, il fut appelé à participer aux travaux parlementaires conduisant à l'élaboration d'un code de procédure pénale entièrement nouveau.

Le doctorant possédait là un outil formidable pour renforcer son étude et le combat qu'il a toujours livré pour les droits de la défense. Il put plaider en faveur d'une instruction contradictoire dès le premier interrogatoire d'un prévenu, ce qui n'existait pas encore. D'ailleurs, dans son commentaire de 1969, Robert Patry s'opposait aux arguments de Me Poncet. Là où l'avocat affirmait qu'inculpé et défenseur ne recherchaient toujours que la vérité, le juge estimait que protégeant des droits individuels, ils ne pouvaient être qu'impartiaux. Le Ministère public et le juge d'instruction, eux, se battant pour les «intérêts généraux de la société qu'ils représentent», ne pouvaient être suspectés de rechercher un avantage personnel.

Il était bon, disait Robert Patry, que le premier interrogatoire se fasse sans aucun témoin, afin que le juge puisse espérer obtenir du prévenu une réponse spontanée hors toute influence. «Le magistrat instructeur doit pouvoir disposer de moyens d'investigation et parfois même de pression pour découvrir la vérité». Une méthode jugée «inquisitoriale» par certains et que les politiques souhaitaient supprimer. Me Poncet, inutile de le préciser, était en phase avec eux. Pour lui, l'inculpé devait être placé dès l'ouverture de l'enquête sur un plan de stricte égalité avec la partie civile et même avec le Ministère public afin que ses droits soient respectés.

Totalement au fait de procédures comparables (en droit français par exemple), Me Poncet était incontournable dans les travaux des parlementaires. Le professeur, qu'il était entre-temps devenu, rédigea alors le volumineux rapport de la commission, en lui apportant surtout les corrections et adjonctions nécessaires. Il y ajouta des références très utiles, tenant notamment compte des modifications apportées au projet lors de débats au Grand Conseil.

> *Dominique Poncet a apporté une contribution importante au rayonnement de la science juridique et lui a insufflé un véritable élan vital.*
>
> Martin Stettler

Le «Nouveau code de procédure pénale genevois annoté» est publié en 1977; il porte tellement la marque de son auteur qu'on le baptise très vite «Code Poncet». Le professeur a toutefois tenu à y associer publiquement les collaborateurs précieux qui l'ont aidé à finaliser son travail: les juges Rémy Riat et Jacques Foëx, le substitut Maurice Harari et Me Robert Haas, avocat.

L'ouvrage comprenait des références historiques, une bibliographie complète, une jurisprudence, une documentation très riche, qui en faisaient un outil de travail remarquable aussi bien pour les praticiens que pour les étudiants. Il s'adressait aussi au simple citoyen qui, s'il devait être confronté à la justice d'une manière ou d'une autre, trouverait pour chaque question un exemple illustré de chaque disposition. Richesse du contenu, clarté du propos: le nouveau code «Poncet» permettait ainsi à chacun de mieux se défendre, il était abordable par chacun. C'est ce qui le rendit si populaire.

Me Dominique Poncet, avocat à Genève :

Soyons bassement matérialiste puisque c'est sous un angle pratique que nous examinons le problème : les avantages de l'union illégitime sont avant tout d'ordre fiscal. C'est bien connu. Les femmes divorcées peuvent, elles aussi, avoir un intérêt à choisir l'union illégitime : pour ne pas perdre leur pension. Les désavantages, eux, résident surtout dans le fait qu'aucune protection n'est évidemment assurée par la loi aux conjoints non mariés.

« Il était une fois un étudiant et un juge de paix. »

La loi protège en revanche l'enfant né d'une union illégitime. Même si le père refuse de lui donner son nom, il est appelé à prendre les engagements alimentaires. Et même s'il refuse de le reconnaître, si tout porte à croire que l'enfant est bien de lui, il sera également actionné et ne pourra se soustraire à ses obligations. Quant à l'enfant, on lui désignera, bien sûr, un curateur.

En ce qui concerne la répression des couples illégitimes, elle n'existe pratiquement plus en Suisse, sur le plan fédéral tout au moins. Les cantons sont cependant souverains pour légiférer en la matière et c'est ainsi que l'on cite le cas de personnes ayant dû comparaître devant des tribunaux lucernois et zurichois, poursuivis qu'ils étaient par des règlements cantonaux interdisant le concubinage.

Et en Suisse romande, je me suis laissé conter l'histoire de cet étudiant — dont j'ai pu par la suite vérifier l'authenticité — qui vivait il y a 5 ans avec une petite amie dans un village de la Riviera vaudoise. Un beau jour, un juge de paix vint frapper à sa porte.

L'Illustré
16 octobre 1969

> Dominique Poncet aimait à dire que le code de procédure pénale est «le code des honnêtes gens» puisqu'il leur permet de se défendre. Moins sérieusement, il plaisantait régulièrement autour de la couleur verte qu'arborait la couverture du livre: le «verre» était-il à moitié vide ou à moitié plein...?

«C'était un code libéral» dit un article de la Revue des droits de l'homme rédigé en hommage à l'avocat, «conciliant de manière harmonieuse les nécessités de la poursuite pénale au respect des droits de l'accusé». «C'était très novateur» se souvient le juge Trembley. «Mais nous avions souvent des questions. Dominique y répondait toujours et systématiquement. Il était d'une disponibilité formidable. Il acceptait la discussion; c'est surtout cela qui a séduit tout le monde.»

Le jeune Jean-Noël Cuénod, qui venait de débarquer à La Tribune de Genève pour remplacer Henri-François Berchet à la chronique judiciaire fut convoqué par l'intermédiaire de son rédacteur Georges-Henri Martin, pour suivre des «cours privés» à l'étude Poncet sur le nouveau code. «Il estimait que c'était très important et prenait un temps énorme pour moi tout seul, alors qu'il avait en préparation des dossiers aussi importants que celui de Cornfeld!» sourit le rédacteur: «C'était éblouissant de finesse et de clarté. Il avait ce talent particulier d'expliquer. Quand on était son disciple un jour, on l'était toujours!»

L'édition de base prévoyait une mise à jour du texte tous les deux ans. Une des plus grandes révisions a démarré en 1986, parce qu'elle était nécessaire expliquait Me Poncet: «La loi doit s'entretenir comme une voiture. Il faut lui faire passer de régulières visites. Changer les pièces de temps en temps. Songer aux options, lutter contre la rouille et, finalement, repousser l'échéance du changement de véhicule.» Encore faut-il que le véhicule ait de bons pilotes..., soufflait-il en aparté. Dominique Poncet est étroitement associé à la mise en œuvre du code réformé et file la métaphore, une fois de plus: «Avec un bon chauffeur, ce nouveau véhicule de la justice sera un peu plus rapide...»

Petit à petit, on allait alléger la «course d'obstacles» sur le chemin du jugement, comme le résume Simone Laperrière dans La Suisse du 1er octobre 1986. En accélérant son cours, la réforme devait dynamiser la justice, entre autres dans le domaine du crime économique.

Il faut toutefois relever que Me Poncet souffrait à chaque rénovation du code. Il redoutait d'y voir les droits de la défense et les droits de l'homme trouver un peu moins de place. À l'origine, il avait voulu un code résolument moderne et subissait difficilement les modifications successives effectuées au nom de l'efficacité. Qu'on nous comprenne bien: il ne s'agissait pas d'amour-propre, mais plutôt d'une crainte que le code, à force de «rapiècements» multiples, finisse par être dénaturé et ne protège plus autant les droits de la défense.

Il voyait notamment d'un très mauvais œil le projet d'unification des procédures pénales cantonales (actuellement toujours en travail) qui réduirait à un seul texte les vingt-trois existants aujourd'hui. Me Poncet soupçonnait le futur code unifié d'être en recul par rapport l'actuel code genevois, qui est à l'avant-garde de la plupart des autres codes cantonaux.

Mais il se rassurait par une boutade tristement prémonitoire: «Je n'en verrai certainement jamais le jour…»

Chambre d'accusation : Me Poncet conteste le renvoi de deux policiers

Forte délégation de la police de sûreté à la Chambre d'accusation ce vendredi. Il y avait plus d'inspecteurs que de cravates, mais il est vrai qu'une tenue correcte n'est plus de rigueur aujourd'hui au Palais... passons. Sur le banc des

pés devant la Cour correctionnelle, pour y répondre d'abus de pouvoir commis dans l'exercice de leur charge et de sévices.

Il aurait été frappé

Suivons le Parquet dans le détail

Tribune de Genève
17 septembre 1977

POUR FAIRE PARLER UN VOLEUR D'OR

Des policiers trop violents

Tout commence par la publication le 15 septembre 1977 d'un communiqué de presse du Conseiller d'État Guy Fontanet. Le document fait état de l'inculpation de deux inspecteurs de sûreté qui auraient procédé à un interrogatoire un petit peu trop musclé.

Les faits remontent au 4 juin 1976. Un employé genevois, suspecté d'avoir commis d'importants vols d'or au préjudice de son patron, était alors inculpé et incarcéré à la prison de Saint-Antoine. Le 7 octobre 1976, le juge instructeur ordonne une enquête complémentaire: deux hommes de la «Secrète» doivent aller chercher le prévenu à Saint-Antoine et le conduire à Carl-Vogt pour lui poser quelques questions. Ce qui est fait le 2 novembre. Mais au soir de cette journée, lorsqu'il regagne sa cellule, l'homme se plaint d'avoir été brutalisé. Le médecin-chef de la prison est aussitôt appelé pour examiner le détenu.

Une enquête administrative et une information pénale sont ouvertes en parallèle. Au cours de cette dernière, les deux inspecteurs sont inculpés d'abus d'autorité (art. 312 CPS) et de lésions corporelles simples (art. 123 CPS). Toutefois, dit le fameux communiqué de la police, les deux policiers contestent une partie des accusations dont ils sont l'objet. Compte tenu de ce qui précède et «des bonnes qualifications de ces deux fonctionnaires qui n'ont jamais donné lieu à d'autres plaintes» le Département de Justice et Police suspend son enquête administrative «jusqu'à solution de l'affaire pénale». Il se prononcera devant le Conseil d'État, une fois le jugement pénal intervenu

La Chambre d'accusation, le 16 septembre 1977, fait salle comble pour le renvoi en jugement des deux inspecteurs, premier acte «public» de l'affaire, justifiant le communiqué officiel de la veille. La petite salle n'a que rarement contenu autant de policiers: plus de vingt collègues des inculpés sont venus les soutenir silencieusement.

Les deux policiers auraient donc perdu leurs nerfs en interrogeant «Antonio». Celui-ci a bien reconnu avoir dérobé de l'or. Pas 120 kilos, comme on l'en accuse, mais 35. Et puis finalement, non, il n'avoue plus que 4 kilos. Après, plus moyen de contester: 4 kilos d'or avaient été découverts chez lui... Les constantes variations dans la thèse d'Antonio poussent à bout les deux inspecteurs. «Dans un moment d'égarement», comme relèvera ironiquement le Ministère public, ils ont infligé au suspect un véritable traitement de choc: ils l'ont installé sur une chaise tournante de bureau, lui ont ôté ses chaussures, lui ont lié les mains derrière la tête avec des menottes. Après, ils le font alternativement tourner sur sa chaise. Au bout d'un moment, ils actionnent le siège si rapidement qu'il se renverse avec son chargement. L'homme se relève en piteux état. Le médecin de la prison constate de nombreux hématomes, un choc sur la tête. Antonio se plaint encore de douleurs au dos et ses maux de tête vont durer un bon moment.

Le Parquet prend immédiatement une position ferme et rigoureuse et demande que les deux policiers soient renvoyés devant la Cour correctionnelle avec jury. Mais c'est compter sans Dominique Poncet qui intervient pour demander le retour du dossier à l'instruction. Il exige un complément d'information. «Le Ministère public a dit que le prévenu a été confié aux inspecteurs pour un complément d'enquête. Il me semble donc indispensable qu'on entende le magistrat instructeur pour savoir quelles directives il avait exactement données. Mes clients ne sont pas tortionnaires. S'ils doivent un jour passer en jugement, je plaiderai leur acquittement. Il n'y a eu de leur part ni dessein de nuire, ni sévices volontaires. Ils ont agi dans le cadre de leur devoir de fonction.»

Dans la Tribune de Genève des 17 et 18 septembre 1977, Henri-François Berchet livre son commentaire: «Le moins que l'on puisse dire de cette affaire, c'est qu'elle manque de clarté. (...) Il se pourrait même que le plaignant ait raison et que les deux inspecteurs de sûreté incriminés n'aient pas tout à fait tort. (...) La perfection n'étant – hélas! – pas de ce monde, les agents peuvent avoir manqué à leur devoir et de justes sanctions montreront à la population qu'il n'y a pas deux poids et deux mesures. Que la police, sans laquelle l'insécurité serait générale, peut commettre des erreurs et qu'elle n'échappe pas aux décisions qu'elle mérite; que la justice ignore les cas particuliers et qu'elle frappe là où elle le doit pour assurer l'ordre et la légalité.»

Citant Dominique Poncet, Henri-François Berchet insiste: «En France cette procédure aurait été impossible: comme il ne s'agissait pas d'une nouvelle inculpation, le juge eut été obligé de procéder lui-même à l'interrogatoire. De ce fait, pas de violences! Mais aussi – peut-être? – pas d'aveux...»

On l'aura compris: l'affaire, depuis l'intervention de Dominique Poncet, ne fait que commencer. Les juges de la Chambre d'accusation restent toutefois inflexibles: ils renvoient le dossier pour jugement devant la Cour correctionnelle avec jury.

Entre-temps, le 7 novembre 1977, on juge Antonio. L'accusation porte alors sur 30 à 35 kilos d'or. L'audience est ennuyeuse, l'affaire inintéressante. Le président Jean-Charles Kempf mène les débats avec sérénité et aménité. Le prévenu nie tout. Lorsqu'on lui demande comment il a réuni les 400'000 francs d'économies qu'il a sur un compte en Espagne, il parle d'un petit trafic de lires italiennes mais se défend d'avoir touché à l'or de son patron. D'où viennent ses aveux, alors? «Je disais aux policiers d'écrire ce qu'ils voulaient. N'importe quoi. J'étais prêt à tout signer, j'avais peur des coups.»

L'argument est facile sachant que les policiers ont été inculpés de leur côté. Antonio n'est pas idiot: cela jouera dans la balance et il le sait. L'audience traîne en longueur, chacun reste sur ses positions. C'est le lendemain matin qu'aura lieu le coup de théâtre: au moment de lui demander s'il a quelque chose à ajouter avant que les plaidoiries aient lieu, et alors qu'avec ses dénégations, il a déjà provoqué bien des problèmes, voilà cet Antonio qui se lève et qui dit: «J'ai bien réfléchi. Je n'ai pas dormi cette nuit. Je préfère dire la vérité. J'ai volé 28 kilos d'or!» Voilà qui devient plus facile! Pour l'accusation, bien sûr, mais aussi pour la défense. Le jury, lui, peut rendre sans scrupules un verdict de culpabilité qu'il suffira seulement de nuancer. On plaide les grammes d'or, la pureté du métal. Finalement, c'est tard dans la journée qu'Antonio est condamné à 4 ans de réclusion. S'il se conduit bien, il sera bientôt libre. Sa femme, jugée complice, est condamnée à un an de prison et rejoindra demain ses enfants.

Si ce procès a suscité l'intérêt, ce n'est pas pour le voleur d'or. C'est pour l'autre procès qu'il masque : celui des deux policiers accusés de mauvais traitements.

S'opposant à leur renvoi en jugement, ils se retrouvent, début décembre 1977, devant la Cour de Cassation, seule instance habilitée à intervenir à ce stade. Entre-temps, Me Dominique Poncet a proposé à Antonio une négociation : il reçoit une indemnisation confortable et il retire sa plainte. Le voleur d'or condamné a justement un fils malade et un grand besoin d'argent. Il accepte.

L'annonce de ce rebondissement fait l'effet d'une bombe. La représentante du Parquet s'offusque que de telles pressions – du chantage? – aient été exercées sur l'accusateur des deux policiers. Elle souligne, en outre, que cela ne met pas un terme à la procédure, puisque si les lésions corporelles ne peuvent plus être imputées aux deux prévenus, il subsiste l'abus de pouvoir qui est poursuivi d'office.

Me Dominique Poncet a conservé son calme et un sourire glacial. Lorsque la parole lui est accordée, il avertit qu'il sera sévère. Il ne peut tolérer les sous-entendus de l'accusation. «Le retrait de plainte est parfaitement correct» assène-t-il, avant de démontrer une fois de plus que ses deux clients n'ont fait «que leur devoir». Il semble avoir gagné «aux points» diraient les boxeurs. Mais la prévention est suffisante et tout le monde est renvoyé devant une instance siégeant avec le concours du jury pour le seul abus d'autorité.

On se retrouve donc le mardi 30 mai 1978 dans une salle pleine de policiers. Le voleur d'or, assis sur le banc d'infamie quelques mois auparavant, est entendu aujourd'hui par le juge Jean Maye en qualité de témoin, puisqu'il n'est même plus plaignant. Il sera, disent certains chroniqueurs judiciaires, un des meilleurs avocats des deux policiers : en effet, à tant vouloir en faire, il finit par en faire trop. Il se montre si antipathique, si fuyant, si agaçant, que l'on peut comprendre le sentiment des enquêteurs, totalement excédés par le suspect de l'époque. En plus, en avouant in extremis un vol somme toute important à l'issue de son procès, l'homme a donné l'étendue d'une fourberie qui justifiait peut-être que l'on s'énerve...

– Tout le monde peut perdre patience avec un individu pareil! s'exclame un des policiers.

– Ah non, rétorque fermement le président Maye, on devrait être parfait quand on est policier!

La Cour, on le voit, part d'une tolérance zéro. Il faut dire que l'affaire est devenue politique. L'Association du personnel de la Sûreté (APS), d'un côté, ronge son frein, comme elle l'a promis, jusqu'à droit jugé. Mais on devine ses arguments. Sa présence en nombre à chaque audience en dit plus long que n'importe quel tract revendicateur. Le Groupe Action Prison, de son côté, se réjouit de voir des «tabasseurs» sanctionnés. Les juristes progressistes de même. La tension est forte.

On compte les gifles, les tours de chaise, les bleus. On demande aux inspecteurs de s'expliquer. «C'est un accident de parcours. Un dérapage...» Anne-François Comte, pour le Ministère public, concède du champ: le métier de policier est difficile, il demande une grande maîtrise de soi-même. On peut se demander s'il faut les accabler parce qu'ils ont perdu leur calme. Mais on ne peut admettre qu'ils abusent de leur pouvoir. À plusieurs face à un détenu seul, ils disposent d'un ascendant considérable. Or ici, il y avait intention de nuire et les deux hommes doivent être punis pour cela.

Bien sûr! s'exclame en substance Dominique Poncet. Toute l'année, les policiers qui nous protègent ont l'intention de nuire aux malfaiteurs. C'est encore heureux! Alors, s'il y a eu ici des bavures, doit-on pour cela accepter que deux hommes de devoir et d'honneur viennent aujourd'hui s'asseoir «sur le même banc que celui qui les accuse et qui, lui, a commis des délits?» On ne peut briser deux carrières exemplaires comme ça, pour faire un exemple. C'est pour cela, avoue Me Poncet, qu'il a négocié le retrait de plainte. C'est pour dire que l'on regrette l'excès, et non le geste. Que l'on a dépassé certaines limites, mais qu'en face d'un individu limpide, ce ne serait pas arrivé. L'abus de pouvoir, plaide le professeur de droit, est condamnable s'il recherche deux buts: l'avantage personnel (l'obtention d'une facilité, d'un bénéfice) ou le dessein de nuire, c'est-à-dire non pas seulement d'être désagréable, mais de créer un réel désavantage. Les deux policiers n'ont personnellement retiré que des problèmes de cette affaire et ils n'ont pas aggravé la situation du voleur d'or. « Si vous voyez là un abus d'autorité, il n'y aura plus d'autorité. Tous les inculpés déposeront des plaintes pour sévices une fois qu'ils voudront revenir sur leurs déclarations ! »

La démonstration a touché. Les deux policiers sont acquittés.

« La police a aujourd'hui derrière elle une large majorité de la population, écrit Sylvie Arsever dans la Journal de Genève. Elle reçoit (ici) en quelque sorte un verdict de confiance. Mais ce pourrait être un cadeau empoisonné. » Le groupe Action Prison n'hésite pas à parler de légalisation du tabassage, la Ligue des juristes progressistes voit dans ce jugement « une erreur de droit et une décision scandaleuse ». Quant à l'Association du personnel de la Sûreté, l'accueil est nuancé : « C'est avec une certaine amertume que les policiers ont suivi une procédure d'une rigidité exemplaire. Ils craignent qu'à force d'interprétations nouvelles et toujours plus complexes, les lois pénales n'aient plus le sens et l'esprit voulus par les citoyens modestes qui les ont édictées. Auxiliaires de la Justice, ils sont journellement confrontés avec les malfaiteurs, mais aussi avec les victimes trop souvent oubliées d'une criminalité toujours croissante en nombre et en violence. »

Dans le numéro de novembre 1978 de son bulletin, l'APS adresse ses « chaleureux remerciements à Me Dominique Poncet et aux membres de son étude qui, dans un geste magnifique et combien apprécié, ont renoncé à percevoir les honoraires de la procédure ».

L'AVOCAT DE LA POLICE

Dominique Poncet fut pendant toute sa carrière l'avocat de la police genevoise, Jean-Robert Warynski, son contemporain, après l'avoir côtoyé sur les bancs du Collège, puis au service militaire, l'a retrouvé au Barreau puisque celui qui deviendra chef de la police effectuait alors un stage d'avocat à l'étude Schlaepfer et Desgouttes. Les deux hommes se croisaient fréquemment sur le chemin du Palais de justice. Quand en 1955, J.-Robert Warynski fut engagé à la police, il fit naturellement appel à son ami Dominique Poncet pour les premières affaires auxquelles il fut confronté. «Il avait une vue tactique des choses, se souvient «JR». Il était toujours ouvert au dialogue, savait bien écouter. Je me souviens particulièrement du don qu'il avait de mettre les gens à l'aise. Par ses questions, il amenait la personne à lui donner tous les arguments nécessaires à sa défense.»

Parfois, bien sûr, certains cas aurait pu fragiliser l'amitié entre l'avocat et le policier. «Mais nous savions mettre entre parenthèses notre camaraderie. La confiance entre nous restait entière.» Jamais Dominique Poncet n'a refusé un dossier. «Une cause difficile ne le rebutait pas. Sa disponibilité était énorme. Au sein de la police, dès qu'une affaire nous paraissait délicate, nous faisions appel à lui. Nous lui demandions fréquemment ses conseils – et là nous nous adressions au professeur – pour nous adapter à l'évolution policière. Une fois de plus, nous bénéficiions de sa clarté et de son efficacité.»

Jean-Robert Warynski relève surtout le calme d'un Dominique Poncet qui laissait le policier s'exprimer lorsqu'il préparait une défense. «J'ai toujours admiré sa façon de creuser le problème. Tout était prêt, on allait jusqu'au bout. On s'était tout dit afin qu'il n'y ait pas de surprise à l'audience.»

(Collection privée)

«Dominique procédait certainement, continue Jean-Robert Warynski, à une lecture très cursive des pièces d'un dossier. Il avait une impressionnante faculté à résumer les choses qu'il lisait. C'était un génie de la synthèse qui disposait en plus d'une mémoire extraordinaire. Chez lui, défendre les gens, c'était une deuxième nature. Il se donnait complètement à son boulot.»

L'ancien chef de la police se félicite de la fidélité que lui voua Dominique Poncet. Leur collaboration fut toujours très agréable, l'un et l'autre n'étant pas dépourvu d'humour, leurs rencontres étaient marquées de réparties, de jeux de mots. «On avait les mêmes idées sur tout, la même façon de voir les affaires de la cité.» Les deux amis aimaient partager une bonne table, un bon vin. Comme tant d'autres, J.-R. Warynski bénéficiait des multiples «publications» de Dominique Poncet. Grâce à son ami avocat, il s'est constitué une magnifique bibliothèque de livres sur la police!

Pour couronner le tout, Dominique Poncet fut même l'avocat de Warynski lorsque ce dernier, en 1983, fut inculpé pour violation du secret de fonction à la suite d'une plainte déposée par un avocat débutant s'estimant lésé par la communication de pièces de dossier au tribunal de Nyon. On cherchait là au chef de la police une querelle stupide. Le jeune avocat, qui n'était alors qu'au début de ses tribulations, défendait un homme qu'il avait lui-même chargé dans une affaire de drogue, à Bâle, quelques années auparavant. Or les faits, et donc les antécédents négatifs de l'avocat, ressortaient dans les pièces communiquées au tribunal vaudois!

Jean-Robert Warynski estimait n'avoir fait que son travail, il avait eu l'aval de ses supérieurs pour transmettre des pièces, tout le monde ayant jugé que c'était beaucoup plus simple ainsi. Personne n'avait pensé à mal. On pouvait bien sûr jouer sur les mots, parce que communiquer des informations, ce n'est pas communiquer des extraits de procédure...

Dominique Poncet, s'amusait de ces finesses de langage.

Le classement fut prononcé par le Ministère public, non satisfaisant au gré de l'avocat. Qui recourut alors devant la Chambre d'accusation en mars 1985. La cible était claire: l'avocat débutant cherchait à épingler le chef de la police à son tableau de chasse. Personne n'en était dupe. Du chef de Département qui insistait sur la présomption d'innocence, au Ministère public qui soutenait le non-lieu, tout le monde s'accordait à dire que si l'acte commis par Jean-Robert Warynski était discutable quant à la forme, le fond de l'affaire ne réclamait pas de sanction particulière. À la fin du compte, mais après plus de deux ans de procédure, le chef de la police sortit blanchi de cette affaire.

AFFAIRE IOS

Cornfeld, reflet d'une époque révolue

À la fin des années soixante, IOS est un empire qui brasse des milliards de dollars à une époque où la monnaie américaine vaut quelque 4,50 francs suisses.

«La création de Cornfeld – l'Investors Overseas Services, plus connue sous le nom de IOS – est un gigantesque complexe fondé sur la vente de plans d'investissement.» Dans son ouvrage *«De l'assassinat de Sissi à l'acquittement de Mikhaïlov»*, Jean-Noël Cuénod raconte l'affaire par le menu et résume ce qui fit d'elle une histoire hors du commun: «Brassant des milliards de dollars sur toute la surface de la terre, drainant dans ses fonds de placement plus de 800'000 épargnants, employant 16'000 démarcheurs dopés à l'enthousiasme, l'IOS a révolutionné le monde de la finance. Cornfeld préfigure, avec beaucoup plus de panache, ces yuppies qui vont déferler sur Wall Street, la City ou la Bahnhofstrasse durant les années-fric de la décennie 80.»

Bernard Cornfeld a inventé le capitalisme populaire, le capitalisme débridé et décontracté qui a fasciné des milliers de gens. Aujourd'hui, vous et moi pouvons acheter des actions pour quelques francs, sur internet ou ailleurs. C'était impensable en 1960. Alors, quand IOS vous proposait pour 10 dollars un papier-valeur que vous pouviez revendre 240 dollars un peu plus d'un an après, l'affaire était intéressante!

Beaucoup de Genevois disent aujourd'hui avoir perdu de l'argent à cause de Cornfeld, d'autres restent silencieux, qui ont gagné des sommes énormes grâce à lui. Dans la ville austère de Calvin et des banquiers privés, le scandale d'IOS, les frasques de son créateur

– belles bagnoles, jolies filles et champagne coulant à flots – ne pouvait que trouver un épilogue expiatoire.

Né à Istanbul en 1927, le petit Beno Kornfelt émigrera cinq ans plus tard vers les États-Unis. Après la séparation de ses parents, il passera quelques mois en Israël avec sa mère avant qu'ils ne reviennent s'installer dans le quartier new-yorkais de Brooklyn. Ils survivent ensemble aux portes de la misère. Beno, qui est devenu Bernard et donc Bernie, est un vrai petit garçon des rues, aux épaules solides, à l'esprit rusé et surtout à la débrouillardise toujours en éveil. Celle, justement, qu'il mettra en œuvre quelques années plus tard et qui fera de lui un milliardaire. Il va soigner son bégaiement en étant bonimenteur, faire ses premières armes commerciales sur un bateau de la marine marchande pendant la guerre, avant de faire des études d'assistant social. C'est sans doute cette sensibilité de gauche liée à une extraordinaire habileté à utiliser le capitalisme qui a fait cet homme-là.

Cornfeld séduisait. Tout et tout le monde. L'idée, alors, est de proposer aux GI's américains en poste en Europe (près de 400 000 personnes!) de faire fructifier les dollars de leur solde qu'ils n'ont pas vraiment l'occasion de dépenser. Pour mener à bien ce commerce, Cornfeld s'installe à Paris.

C'est là, dans un bel immeuble du XVIe arrondissement qu'il fonde sa société au milieu des années cinquante. Pour recruter son personnel, Cornfeld passe des annonces: «Offrons situation d'avenir à des personnes ayant le sens de l'humour».

La France de De Gaulle souffre à ce moment de quelques crispations face à l'ambition financière américaine. Ne se sentant plus «welcome», Cornfeld transporte fortune, marché et employés outre-Jura. C'est dans un immeuble moderne – mais nettement moins chic – de la rue de Lausanne, à Genève, qu'IOS connaîtra en 1958 son vrai départ.

Mais c'est plus qu'une société que Cornfeld installe dans notre ville, c'est un art de vivre. Dans la villa Elma, un peu plus loin au bord du lac – une maison achetée afin que sa mère y ait son propre logement – le nouveau prince de Genève offre des nuits de folie à ses invités. L'endroit devient le rendez-vous des stars, le nid de tous les fantasmes. Bernie est peut-être le seul à n'y boire que du Coca…

Dans son entreprise, Cornfeld avait créé une atmosphère unique dans les rapports sociaux. Le concept était entièrement nouveau: on travaillait en bras de chemise, on appelait son chef – et même le patron! – par son prénom, et, surtout, on était intéressé aux bénéfices. Les employés avaient le sentiment réel d'appartenir à une vraie famille. C'était «nous et le reste du monde», ce monde à la conquête duquel ils étaient bien décidés à partir.

«Je l'ai vu, se souvient son avocat Me Marc Bonnant, devant tout ce que Londres comptait de banquiers, de financiers et d'analystes, faire une conférence sur le capitalisme populaire et être applaudi pendant dix minutes par un auditoire debout. Lui, le col dégrafé, un peu bègue, chiffonné parce que sortant certainement d'un lit, disant des choses intelligentes, certes, mais révolutionnaires, lui si subversif dans sa vision du monde, être salué par des conservateurs, comme souvent les bourgeois saluent la Révolution en attendant que leur tête tombe!»

Pendant dix ans, tout ce que touche Bernie se transforme en or. Mais ce nouveau Midas a mal fini. Il n'a pas su gérer son royaume. Parce que Cornfeld était un visionnaire, mais non un intendant. Parce qu'il a trop délégué, peut-être, mais aussi parce que la conjoncture a repris ses droits. Au printemps 1970, alors qu'IOS a déjà émigré en France voisine, en butte aux misères administratives genevoises, c'est la débâcle financière. Alors, des employés mécontents qu'on leur ait proposé des actions promises à un grand avenir et dont la valeur descend, finissent par déposer plainte. Quelques petits épargnants font de même.

Cornfeld se retrouve derrière les barreaux de Saint-Antoine, le lundi 14 mai 1973. L'homme qui embrassait Audrey Hepburn et qui fut reçu avec sa mère par Paul VI va ainsi passer quelques semaines dans le confort relatif de la sinistre bâtisse. Mais, comme il le dit lui-même dans une missive destinée à ses amis, «Saint-Antoine n'a pas été construite pour attirer les touristes»! Il se fait comme il peut à ce relais qui vaut, selon lui, «à peine une étoile au guide Michelin». L'ancien gars de Brooklyn retrouve sans doute quelques vieux réflexes de survie et celui qui a toujours su parler à n'importe qui se fait rapidement des amis à l'intérieur des murs. Plusieurs détenus iront raconter que Bernie y organisait même des soirées barbecue.

Pendant ce temps, à l'extérieur, une brochette d'avocats retrousse ses manches. Il y a de vieux amis de Bernie, Pierre Sciclounoff et Raymond Nicolet. Dans la foulée de ce dernier, Dominique Poncet. Mais ça ne suffit pas à la confiance de Cornfeld. Alors on va chercher ce qu'il veut: «Un jeune avocat qui possède encore le désir intact des débuts». C'est ainsi que l'on décrit alors Me Marc Bonnant, un nouveau ténor dont Genève aura à savourer pendant longtemps le talent à nul autre pareil.

La défense, sous l'impulsion de Dominique Poncet, effectue un véritable travail de bénédictin. Raymond Nicolet se retire discrètement, Pierre Sciclounoff restant à disposition pour d'éventuelles relations publiques à conduire, son dicastère préféré. Et nous verrons plus loin que son apport ne fut pas négligeable.

Me Bonnant travaille pour la première fois avec Dominique Poncet: «C'était un organisateur admirable. Il possédait un sens incomparable du diagnostic. Instantanément, il saisissait le problème. Avec une incroyable urbanité, il donnait des pistes. Je préparais un dossier et le lui soumettait. Il revenait – quelques heures plus tard seulement – en me disant: «C'est bien, c'est même très bien. Mais si tu permets, mon petit vieux, juste deux ou trois remarques…» Et dans les heures qui suivaient, au pire le lendemain, je recevais un mémoire totalement remanié.»

Les deux hommes se découvrent et fondent une amitié unique, compagnonnage qui durera plus de trente ans. «Dominique savait tout, vous devinait, vous restituait, en l'embellissant, votre pensée avant même que vous ne l'ayez formulée. Mais il savait, humble soudain et fugacement, accueillir l'objection, l'idée insolite dont sitôt il se nourrissait. Vous connaissez la métaphore de Swift de l'abeille et de l'araignée: l'araignée, autarcique, ne se nourrit que d'elle-même; l'abeille butine sans relâche et partout et fait ainsi son miel. Dominique était indiscutablement, une abeille.»

La ruche fonctionne à plein. Les demandes de mise en liberté devant la Chambre d'accusation se suivent et se heurtent toutes à un refus. Finalement, les juges acceptent de remettre Bernie Cornfeld en liberté, mais contre la caution la plus élevée de l'histoire genevoise: 8 millions de francs!

(Collection privée)

C'est énorme. On négocie et on obtient finalement la fixation des garanties à 5 millions de nos francs. Mais Cornfeld, dont tous les avoirs sont bloqués, ne peut pas payer. Alors, le miracle viendra d'ailleurs. Et c'est Marc Bonnant qui nous en a confié l'incroyable vérité, jamais publiée jusqu'ici, mais qui mérite un petit détour dans la narration, avec quelques tournures de phrase de son auteur qui lui donne toute sa saveur.

> Me Pierre Sciclounoff, nous l'avons dit, se gardait en réserve pour des besoins plus «mondains». Néanmoins, et par amitié pour Cornfeld, il se faisait un devoir de lui rendre hebdomadairement visite à Saint-Antoine. Le samedi. Mais le lever du soleil étant vulgairement fixé beaucoup plus tôt que son propre lever, «Sciclou» souffrait énormément de devoir se rendre de bonne heure à la prison. On imagine en plus que les parfums des couloirs de Saint-Antoine n'évoquaient en rien son domicile de la Tertasse: «Ça sent mauvais, ça sent l'homme négligé, se plaignait-il régulièrement auprès de Marc Bonnant, et puis tous ces hommes en marcel...»

L'avocat admirait le courage de ses confrères qui se rendaient dans ces lieux plusieurs fois par semaine. Ainsi, quand il fut question de réunir 5 millions et que le dépôt de ces 5 millions libérerait Me Sciclounoff de ces samedis olfactivement insupportables, il fut le premier à nantir son propre patrimoine, à emprunter le reste, et à l'offrir à Bonnant et Poncet afin que Cornfeld retrouve la liberté. «Je ne suis pas loin de penser que s'il l'a fait, ce n'était pas tant par amitié, même s'il en avait beaucoup, que par désir de s'éviter ces visites du samedi matin!» Le geste n'est pas vraiment étonnant, la générosité de Me Sciclounoff étant restée légendaire bien que fort mal récompensée: «À la fin de sa vie, nous étions moins nombreux à son chevet que plus tôt à sa table». Comme Cornfeld symbolisera les folles dépenses des années soixante, Me Sciclounoff restera l'avocat d'une époque; ami des Kennedy, des Rothschild, de Gina Lollobrigida... Il était copain avec Cornfeld, même s'ils n'avaient rien en commun. «C'était son côté princier» conclut Me Bonnant en forme d'hommage.

Revenons à IOS. Cornfeld quitte la prison Saint-Antoine le vendredi 5 avril 1974 et part se reposer dans sa maison de Londres. Une majorité de Genevois sont persuadés qu'il ne reviendra jamais.

L'instruction se poursuit jusqu'en 1975. Et se décolore. Le dossier voyage dans différentes instances, de Genève jusqu'au Tribunal fédéral.

La prise de réquisitions à l'encontre de Bernie Cornfeld est alors confiée à un jeune substitut qui deviendra un célèbre juge d'instruction: Jean-Pierre Trembley. Un énorme travail, concluant au renvoi pour abus de confiance et escroquerie par métier. Encore lui faut-il soutenir ces réquisitions en juin 1977 devant la Chambre d'accusation, bloquée par la cause pendant une semaine! «C'était surréaliste» se souvient Jean-Pierre Trembley. «Nous étions installés pour cela dans la salle des Assises, vu la taille de la procédure et le monde que cela mobilisait.» L'affaire Cornfeld ne remplit pas moins de 140 classeurs fédéraux!

Bernie en personne assiste à l'audience, en tenue décontractée et en baskets. «En véritable professionnel, il connaissait la procédure mieux que moi» ajoute le juge Trembley. «C'était une véritable démonstration. On sentait déjà l'acquittement!» Chacun leur tour, Dominique Poncet et Marc Bonnant plaident pendant 8 à 9 heures!

La caution est réduite en juin 1978 par la Chambre d'accusation à un million de francs ; les quatre millions ainsi libérés vont permettre de dédommager une partie des plaignants, ce qui provoquera des retraits de plaintes et fera tomber l'inculpation d'abus de confiance. Le million restant est conservé pour les frais de justice.

Le procès s'ouvre le 24 septembre 1979 devant la Cour d'assises. Un curieux procès, largement commenté dans la presse internationale. L'acte d'accusation ne retient aucun délit commis contre des centaines de milliers d'épargnants, puisque les rares plaignants se sont retirés. Il se borne à retenir l'escroquerie par métier (un facteur aggravant qui justifie les Assises) envers les membres du personnel d'IOS lors d'une émission d'action en 1969.

C'est le procès des années-fric. La première affaire de crash financier de cette envergure. Cornfeld représente alors une réussite insolente que bien des âmes étriquées ont de la peine à accepter. Entre-temps, le choc pétrolier a donné des ulcères à ceux qui auraient eu assez de moyens pour supporter la comparaison. De tout temps, on s'est réjoui de la chute des notables. Une satisfaction qui, à Genève, a atteint son paroxysme dans l'affaire Jaccoud. Alors on se bouscule sur les marches du Palais avec cette litanie en tête : viendra, viendra pas ?

Et il est là ! Il arrive seul, claudiquant, mal habillé et barbu, sans grappe de jolies filles, mais en Rolls tout de même et pénètre dans le Palais à côté de ses avocats.

« Ce fut une audience de rêve, raconte Me Bonnant, faite de délicatesse, d'humour et d'impavidité. » Le juge Fournier fut superbe dans son rôle de magistrat-arbitre. Certains échanges resteront légendaires.

On assiste alors à un incroyable défilé de témoins qui viennent dire unanimement qu'ils n'en veulent pas à Cornfeld, qu'ils ont peut-être tout perdu, mais que les années passées à IOS étaient les plus belles de leur vie, que s'il s'agissait de le refaire, ils repartiraient immédiatement avec lui, quoi qu'il entreprenne et où qu'il l'entreprenne, qu'ils ne doutent pas un seul instant que si les choses ont été mal, c'est parce que Bernie Cornfeld ne les a pas contrôlées, qu'il a été trahi par ceux qu'il avait chargé de le faire, et par d'autres, et par la conjoncture... Ils ne peuvent pas croire que cet homme-là, qu'ils ont connu et apprécié, ait pu intentionnellement tromper ses employés, eux qui étaient sa seule famille, sa seule affection.

«Pendant quinze jours d'audience, poursuit Me Bonnant, nous étions dans une histoire d'amour, dite par des bouches innombrables! Les petits, les sans-grades, les humbles, tous disaient exactement la même chose.» Certains, en arrivant, et avant de saluer la Cour, vont embrasser l'accusé! Interrogés par leur propre avocat, ils minimisent les faits. Oui, ils sont plaignants, mais c'était obligatoire s'ils voulaient récupérer leur argent dans une éventuelle faillite. On leur demande ce qu'ils reprochent à leur ancien patron. Réponse: à lui? Rien!

– Vous a-t-il trompé ou volé?

– Non!

– Vous a-t-il induit en erreur?

– Lui? Jamais! Pas Bernie!

Ils ont déposé plainte et réalisent soudain qu'à cause d'eux Cornfeld risque une longue peine de prison. «J'ai tout perdu, certes, mais lui aussi!» disent-ils en substance devant un président et un jury totalement médusés.

À la suite d'un tel déploiement d'amour et de reconnaissance, plaider devient un exercice de style. Bonnant et Poncet s'y entendent à merveille. D'autant que la partie civile, représentée par Me Antoine Hafner avoue s'être trompée de cible et que le substitut Grandjean déclare abandonner l'accusation.

Dominique Poncet fait remarquer à la Cour qu'il n'y aurait pas eu de procès Cornfeld «si les plaignants avaient été entendus à l'instruction!» La plupart des parties civiles n'avaient en effet pas été auditionnées de vive voix par le magistrat instructeur, mais par le truchement d'un questionnaire. C'était, pour Me Poncet, une façon de dire «nous sommes désolés d'avoir encombré la Cour pour rien. Ce n'est pas notre faute si la vérité n'a pas jailli plus tôt.» La justice prend souvent des risques quand elle se veut exemplaire, plaide-t-il enfin pour excuser ce qui a été fait.

(Collection privée)

Et si cette extrême courtoisie ne suffisait pas, il ajoute que Cornfeld affirme d'ores et déjà renoncer à toute indemnité au cas où il serait acquitté. "Il ne veut pas que le contribuable genevois – vous, Mesdames et Messieurs les jurés – ait à pâtir d'une erreur des juges."

En substance, cela revient à dire que si la magistrature s'est égarée, ce n'est pas au citoyen d'en payer le prix. Affirmer cela, c'est rendre toute liberté au jury afin qu'il prononce la sentence la plus juste sans arrière-pensée de ce que cela coûtera. C'est terriblement habile!

La Cour ne peut dès lors QUE prononcer l'acquittement. Ce qu'elle fait dans une intensité dramatique jamais vue, suscitant un tonnerre d'applaudissements.

La justice a donc été rendue. Mais qu'en est-il de la morale? Dieu s'en accommodera. L'acquittement aura eu en tout cas un avantage: celui de mettre du baume sur le cœur de maman Cornfeld qui décéda d'un cancer quelques jours après, rassérénée de savoir son fils blanchi.

Ainsi s'achève le procès Cornfeld. Telle une baudruche qui se dégonfle. L'accusé mena encore quelques affaires à taille humaine, profita de la vie avec la fillette née avant son procès et finit ses jours dans un hôpital londonien en 1995, victime d'une pneumonie contre laquelle il était impossible de plaider…

DOMINIQUE PONCET, AVOCAT AVANT TOUT

Sans doute Bernie Cornfeld n'amusait-il pas Dominique Poncet. «Il n'était pas sous la séduction» confirme Marc Bonnant, c'est plutôt la difficulté du cas qui l'attirait. Me Poncet voyait la nécessité de se battre, il voyait le dossier. Peu expressif dans ses sentiments – d'une manière générale mais a fortiori avec des étrangers – Dominique Poncet gardait constamment une distance, une gentillesse polie qu'il savait rendre glaciale lorsque c'était nécessaire. Cornfeld, qui avait une intelligence plus pragmatique des chiffres que des idées, avait toutefois un sens aigu de l'homme. Il souffrait de l'inaccessibilité de Me Poncet. Lui qui tutoyait tout le monde et Me Bonnant, a toujours vouvoyé Dominique Poncet.

L'apparente froideur de l'avocat s'expliquait souvent par la lourdeur de la tâche qu'il s'attribuait. L'annonce d'un acquittement comme celui de Cornfeld ne provoqua chez lui qu'un simple sourire. Il ne faut pas se méprendre, dirait Marc Bonnant, ce n'était pas de l'indifférence. Il se protégeait en fait en le faisant croire. «Il avait le cynisme qui protège» explique Marc Bonnant.

Un cynisme qu'il partageait avec son frère Charles. Ce dernier donne une autre explication, plus intime, de la froideur de son aîné: cette «abandonite» aiguë, venue de blessures d'enfance, qui lui faisait se méfier de beaucoup de gens. D'où un réflexe de se protéger en ne montrant jamais ce que l'on pense. Il faut donner à croire que rien n'a d'importance, alors que tout, en fait, en a terriblement.

Dans cette logique, les mots crus que le grand avocat utilisait parfois découlaient, selon Bonnant, d'une volonté de désacraliser, de dédramatiser, de cacher que l'on souffre. Comme si on s'en moquait

Un certain sourire

Parmi les images qui reviennent le plus souvent dans les évocations de l'avocat disparu, il y a ce sourire qu'il affichait partout. «Chez lui, analyse Marc Bonnant, c'était un préalable. Il souriait comme d'autres font tomber une herse. À vrai dire, il se protégeait. C'était une façon de dire «vous avez tout, je me rends, je vous dispense de l'effort.» Comme une reddition, une façon aussi de détourner l'attaque. C'était un empressement à passer à autre chose, par crainte, probablement d'une intrusion dans ses sentiments, dans son intimité. Je crois que Dominique avait horreur de l'intimité.»

Alors il était distant et ne parlait pas de lui. Que ce soit pour dire «je t'aime», «je suis heureux» ou pour dire «je souffre». Sa maladie n'a été connue que tardivement par ses proches. Elle ne fut publique que lorsqu'elle ne pouvait plus être dissimulée. Cette discrétion ne dénotait pas une honte de la maladie, mais plutôt un souci d'offrir à autrui l'image d'une armure sans fissure pour ne pas lui peser, le déranger. Pour que l'autre ne doive pas prendre de temps pour cela.

Il vivait cette peur que l'effort n'ait servi à rien, cette peur de ne pouvoir éclairer les juges, peur que la justice ne soit pas juste. Alors, si la décision était celle qu'il avait visée en plaidant, il estimait simplement avoir fait son travail. Il disait souvent que la cause porte en elle sa solution. Donc, si tout finit bien, je n'y suis pour rien. Mais si tout finit mal, j'ai manqué à mon devoir.

Dominique Poncet estimait que l'avocat doit fonctionner comme le chirurgien. En s'occupant de l'humain, il s'occupe du technique, non pas de l'âme. Il ne doit pas y avoir d'affectif, estimait-il, entre le client et l'avocat. Ils n'ont pas besoin de s'aimer. En tout cas pas de se le dire. Ce qui n'ôtait rien à la confiance.

«Aux côtés de Dominique Poncet, dirent Mes Aubert et Neyroud dans leur hommage posthume, le client se sentait en sécurité. Non pas seulement grâce au prestige du conseil, ou à sa science, mais aussi parce que l'avocat, sans s'identifier à son mandant, savait anticiper ses angoisses et le soutenir. Aux moments cruciaux jaillissait une pointe d'humour, chaleureuse, mais lucide.

Paris Match
9 mars 2000

Dominique Poncet soulignait lui-même le côté «paranoïaque» de l'avocat dans un article de «Construire» en 1974: il doit être d'un côté ce personnage «très équilibré, sans problèmes personnels, qui garde la tête froide et un langage poli malgré l'impertinence des attaques; de l'autre, il doit être facilement sensibilisé par ses dossiers au point de se sentir lui-même persécuté»...

Ce qui fait qu'on travaille jusqu'à quinze heures par jour, comme il le faisait, pour défendre l'autre comme on se défendrait soi-même.

(Collection privée)

L'AVOCAT PRESTIDIGITATEUR

Le goût de la magie lui était venu d'une petite boîte de jeux reçue à Milan pendant l'enfance. À Genève, quelques années plus tard, en achetant son premier matériel à la Gaîté chez le professeur Rex, Dominique Poncet se mit plus sérieusement à la pratique d'un art qu'il garda toute sa vie comme un jardin secret. Deux ans avant son décès encore, Me Poncet s'était abonné à une nouvelle revue qui offrait chaque semaine les secrets d'un tour et la façon de le réaliser. Sa secrétaire Michelle Tronchet s'occupait de les répertorier et de tenir à jour sa collection.

«Je l'ai rencontré en 1955, raconte le magicien Jean Garance. Il revenait d'un stage en Angleterre où il avait eu l'occasion de voir des tours formidables.» Le jeune juriste possédait depuis 1948 son accréditation n° 534 de l'Ordre des Illusionnistes français. «Il était très enthousiaste, surtout pour ce que nous appelons le mentalisme» (la transmission de pensée). Sous le nom de «Diama», Dominique se perfectionne (comme dans tout ce qu'il fait!). Il participe souvent à des spectacles organisés à la Cour Saint-Pierre, se produisant ainsi devant Pauline Carton qui venait là en amie de «Magiquette», la fille du Professeur Magicus.

Jean Garance s'amuse encore en évoquant un spectacle mis sur pied le 12 avril 1986 avec sa complicité au Grand Casino et dans lequel c'est Robert Ducret (alors Conseiller d'État) qui donnait la réplique à Me Poncet. «C'était fabuleux. Ducret était sur la scène et Dominique lui demandait de deviner des mots, des chiffres ou des couleurs qu'il prenait dans le public. Cela s'était joué en première partie d'un spectacle donné par le clown Dimitri.»

Le 12 avril 1986 au Grand Casino

Dominique Poncet fut président du Club des magiciens de Genève en 1956 et 1957. L'exercice du barreau lui prenant de plus en plus de temps, il dut bientôt renoncer à donner des spectacles. Mais il mit son art au service de ses amis, quand il fut par exemple le premier à créer une partie récréative lors des ennuyeuses soirées de l'Ordre des Avocats, avant même d'y «inventer» la Revue. Il avait proposé des intermèdes ludiques et remporté un grand succès. Il usa de sa baguette magique à différentes occasions, lors d'événements caritatifs, par exemple, mais plus jamais comme il avait sans doute rêvé de le faire.

Philippe, son fils, se souvient de ce papa magicien: «Il nous faisait des petits tours, on adorait ça! Mais c'était quand nous étions petits. Je ne l'ai jamais vu sur scène.»

Avec Robert Ducret

L'histoire judiciaire abrite d'autres noms célèbres jonglant entre Barreau et magie : Me Maurice Garçon, par exemple, pour qui Dominique Poncet avait beaucoup d'admiration. Parmi les nombreuses disciplines formant l'ensemble de ce que l'on dénomme magie, « Diama » appréciait particulièrement la manipulation, dont les adeptes étaient autrefois appelés plus justement les « escamoteurs ». Ce n'est pas très étonnant pour le cérébral qu'il était : la prestidigitation est un exercice de l'esprit, une création extraordinaire. Il s'agit de tenir l'autre par le regard et la parole, tandis qu'on l'amène à croire ce que l'on veut. C'est l'art parfait du détournement de l'attention, une arme idéale pour un avocat.

« Le déroulement d'un programme de magie présente des analogies incontestables avec une plaidoirie » confirmait Dominique Poncet dans une interview accordée au quotidien Le Temps, en juillet 2001. «Dans la construction d'abord. Il faut commencer par capter l'auditoire, puis passer par une période plus calme et finir par un feu d'artifice. La préparation demande une grande rigueur, le numéro s'affine ensuite face au public. Les techniques utilisées sont également les mêmes: on effectue une mise en scène pour détourner l'attention des spectateurs du problème principal! Dans un tour, il y a 10 à 20% d'habileté, le reste réside dans la présentation. Et une fois que l'on possède bien la technique, on peut donner libre cours à la liberté créatrice.»

Philippe Neyroud, associé de Dominique Poncet, ne doute pas que «Diama» ait parfois pris la place de Poncet lors d'audiences. «Il gérait d'ailleurs ses notes et ses cotes avec l'agilité d'un prestidigitateur! Il lui aurait été facile de remplacer un document par un autre sous les yeux de n'importe qui!» Sans doute l'honnêteté de l'homme a-t-elle toujours retenu le magicien…

«Il était le roi du détournement de l'attention, raconte encore Philippe Neyroud, les yeux brillants d'admiration. Je le revois au cours du procès Cornfeld-IOS, alors qu'un témoin était à la barre, demander que l'on ouvrît un vasistas. Un gendarme s'exécuta. Mais l'ouverture fut jugée trop grande et Me Poncet demanda à ce qu'on referme légèrement. Ce n'était pas encore assez… bref, le numéro de la fenêtre dura tant que le témoin déposait. Il faut dire qu'il s'agissait du seul plaignant décidé à ne pas retirer sa plainte. Mais avec l'agitation créée par Dominique Poncet, les jurés – gageons-le – ne gardaient rien en mémoire du témoignage défavorable à Bernie Cornfeld…»

Comme un magicien, Dominique Poncet parlait beaucoup. Tout le temps. Pendant ses plaidoiries, dirait Jean Maye, «il parlait presque trop. Je crois qu'il avait peur des moments de silence. Il ne laissait pas de respiration.» Mais ce faisant, il captait l'attention et pouvait taper juste. L'interlocuteur était bluffé. «Ars celandi artem» comme il aimait à dire. «L'art de cacher l'art», celui du prestidigitateur.

Personne n'oublie ses téléphones qui se prolongeaient souvent par l'évocation d'un bon mot ou d'une anecdote judiciaire. Le tout précédé d'un courtois: «Est-ce que je vous dérange? Vous avez une minute?»

Dominique Poncet se servait de sa facilité d'éloquence comme d'un outil. Avec cette politesse constante, confinant à la séduction, il prenait son interlocuteur dans ses paroles comme une proie dans un filet. Philippe Neyroud toujours: «Dans l'affaire Cornfeld, pour des raisons tactiques et techniques, nous cherchions à reporter la date du procès. La décision revenait au président Fournier qui avait repoussé toutes mes demandes. Me Poncet décida que nous irions rendre visite au juge. Je m'attendais à ce qu'il argumente auprès du magistrat dès notre arrivée. Pas du tout! Nous parlâmes de tout et de rien jusqu'au moment de sortir du bureau. J'en venais à croire qu'il avait oublié le but de notre démarche. Et voilà qu'au moment de se dire au revoir, véritablement entre deux portes, Dominique propose au juge de reporter l'affaire comme il aurait déplacé une partie de tennis. Et il remporta la mise sans aucun effort! J'étais sidéré!» Me Neyroud venait d'assister à un véritable tour de magie.

Le Temps
19 juillet 2001

En fin magicien comme en bon Italien, Me Poncet parlait aussi avec les mains. Ses gestes quand il plaidait sont dans les mémoires de tous ses admirateurs et ont été reproduits par mimétisme par de nombreux juristes formés à l'étude ; ses mains ont souvent figuré sur des caricatures ou dessins de presse. Ce n'est pas par hasard. On retrouve les mêmes gestes aussi bien chez Charles, son frère, que chez Philippe, son fils. La marque de famille, en quelque sorte…

L'AFFAIRE GELLI

Un «Vénérable» qui fit trembler Genève

«Licio Gelli comparaîtra, sauf imprévu, le 22 décembre prochain devant la Cour correctionnelle sans jury. Il répondra de corruption de fonctionnaire pour avoir soudoyé un gardien de la prison genevoise de Champ-Dollon. C'est l'unique délit qui lui est reproché à Genève où il est revenu de son plein gré, le 19 septembre dernier, après quatre ans de cavale. (...) Il risque une peine allant de trois jours à trois ans de prison.»

Simone Laperrière résumait ainsi en quelques lignes dans La Suisse, cette fameuse affaire Gelli qui fit trembler Genève à l'automne 1987.

Une affaire, en réalité, qui n'en était pas une. En tout cas pas dans notre cité. Une affaire qui généra d'énormes pataquès annexes, politiques, médiatiques, mais qui, en elle-même, était strictement inintéressante, n'étaient-ce les acteurs de l'histoire, sur fond d'une Italie se cherchant des poux dans la tonsure...

Reprenons depuis le début.

L'Italie de l'aube des années 80 souffre de mille maux. Sous la menace d'une suffocation prochaine de leurs institutions, les édiles se décident à faire de l'ordre. Mais lorsqu'on balaie devant sa porte, on glisse volontiers la poussière sous le paillasson du voisin. En l'occurrence, le pays n'avait pu se laisser aller de lui-même dans une telle situation, il avait fallu qu'on l'y poussât. C'est l'ombre du complot. Le pays n'en manque pas.

Il fallait qu'une main invisible ait à ce point mis à mal la société italienne pour que l'on en soit là. Un bouc-émissaire parfait fut désigné en la personne de Licio Gelli, ancien grand maître de la Loge

P2. Cette dernière était impliquée dans toute une série de fraudes, d'évasions fiscales, d'activités d'espionnage économique, etc. C'est Gelli qui en tirait les ficelles, disait-on, c'est lui le grand «Marionnettiste», lui qui aurait provoqué la chute du gouvernement Forlani en 1981. Il avait disparu de son pays en mai 1981, après que la liste des membres de la P2 avait été découverte et rendue publique.

L'homme n'était certes pas blanc. Mais pouvait-il être tout à la fois franc-maçon, agent du KGB, de l'Opus Dei, athée, communiste, terroriste, comme on l'en accusait? «Tout et le contraire de tout, résumait-il devant le tribunal genevois. Va-t-on également me mettre sur le dos le tremblement de terre de Messine?»

En septembre 1982, alors qu'il effectue des transactions bancaires à un guichet de l'UBS – là où auraient fini quelques millions du krach du Banco Ambrosiano – Licio Gelli est appréhendé par la police genevoise. On constate qu'il a sur lui de faux papiers. On l'emprisonne pour ce motif alors qu'un mandat italien a été décerné contre lui, son pays réclamant son extradition.

Dans la prison de Champ-Dollon, le Marionnettiste parvient à corrompre un de ses gardiens, lui offrant de l'argent et lui promettant un emploi fort bien rémunéré. Licio Gelli sort tranquillement dissimulé dans le coffre d'une fourgonnette alors que son complice met en scène un enlèvement. Tout le monde y croit. En plein été 1983, la police est sur les dents, les frontières surveillées comme jamais. Gelli a bel et bien disparu.

Gelli trahit Poncet

Dominique Poncet, convaincu par la mise en scène, réunit le lendemain une conférence de presse, tandis que Marc Bonnant, qui venait d'arriver sur son lieu de vacances revient par le premier avion. Tout est finalement possible, de la part de cette Italie qui redoutait tellement qu'IL ne parle! On a déjà retrouvé Calvi (proche ami de Gelli) pendu sous un pont à Rome, en juin 1982, et Sindona (qui dirigeait le Banco Ambrosiano) a été empoisonné dans sa prison. Alors pourquoi pas Gelli? Sa cellule de Champ-Dollon portait des traces de lutte, on y a retrouvé un tampon d'éther et une seringue qui auraient pu servir à endormir le prisonnier contre son gré. Un trou avait été découpé à la cisaille dans le grillage. D'après le juge Jacques Foëx, «certains éléments laissent à penser que Gelli n'est pas sorti volontairement de sa cellule».

«Nos craintes se sont peut-être réalisées» dit Dominique Poncet à la presse, dans un salon de l'Hôtel du Rhône. «Je fais toutes les hypothèses, mais sans avancer de preuves.» On peut imaginer que Gelli a carrément été «repris» de force par des autorités italiennes qui redoutaient qu'on ne leur accorde pas l'extradition. On a pu, au contraire, vouloir le soustraire à son transfert vers l'Italie. Pourquoi ne l'aurait-on pas enlevé pour monnayer une rançon?

Mais les investigations conduisent à une autre certitude: Licio Gelli s'est tout bonnement évadé, au nez et à la barbe du système pénitentiaire, de la police genevoise, de la justice... et même de ses avocats. Dominique Poncet vit l'événement très douloureusement. «Lui dont la fulgurance de perception était légendaire venait de se tromper» raconte Marc Bonnant. Alors le professeur Poncet, ne s'estimant plus crédible, «cesse d'occuper» comme on dit, il renonce à être l'avocat de Gelli. Il fait le sacrifice de lui-même alors qu'il ne vient de commettre qu'une erreur d'appréciation et non une faute professionnelle.

Victoire à Lausanne

Entre-temps, neuf jours seulement après l'évasion de Gelli, le Tribunal fédéral accepte l'extradition et répond favorablement à un très important mémoire, déposé par Mes Poncet et Bonnant demandant aux juges de Mon-Repos d'écarter, entre autres, l'espionnage, l'association de malfaiteurs et la conspiration politique, des délits que ne connaît pas la loi suisse. Gelli dispose désormais d'un fabuleux bouclier juridique qui lui évitera d'être jugé en Italie pour ces crimes, à condition toutefois qu'il soit «livré» par la Suisse.

Et puis c'est le silence. Pendant plus de trois ans. On croit voir Gelli en Argentine (dont il a la nationalité), en Uruguay, au Brésil. La justice italienne prétend être à ses trousses. «C'est faux!» dit

Me Bonnant, seul avocat genevois de Gelli à ce moment, qui raconte comment on lui fixe un jour un rendez-vous avec son illustre client. «Prenez l'avion pour Rome demain matin» lui dit-on dans un premier temps. L'avocat genevois s'envole pour la capitale italienne avec la certitude que là, rejoignant ses confrères italiens, ils partiront ensemble vers l'Amérique du sud où tout le monde dit que se trouve le Grand Maître.

Mais pas de long courrier à l'horizon de l'aéroport Fiumicino. Une limousine conduit Marc Bonnant vers la magnifique Via Veneto, au cœur de Rome. Dans une petite rue adjacente, ses compagnons de route font entrer l'avocat dans un café aussi cossu que branché. Et là, assis à une petite table, comme n'importe quel autre consommateur, il y a cet homme que toute la planète prétend rechercher. Et qui ne se cache même pas! Et que les clients du café saluent au passage d'un très courtois mouvement de tête. «Venerabile!» «Commandatore!» Gelli n'est même pas grimé, «tout juste s'il porte une fine moustache» se souvient Me Bonnant. Ainsi donc, cet homme que l'Italie dit vouloir dans ses prisons est simplement en train de déjeuner avec ses avocats au centre de Rome!

Cela renforce, dans l'esprit de l'avocat, l'idée que Gelli est plus utile fugitif que prisonnier, car on peut ainsi conserver l'exutoire qu'il représente et mettre à son actif toutes les tares que l'on veut. Mais le vieil homme est fatigué. Il veut régler ses comptes. Il est malade du cœur et ne veut pas courir le risque de faire un nouvel infarctus dans un pays mal équipé ou – pire – dans une prison étrangère où l'on ne pourrait pas le soigner correctement. L'idée vient lentement d'une reddition à la justice genevoise afin d'être extradé vers l'Italie avec le «tamis» offert par l'arrêt du Tribunal fédéral d'août 1983. Tout paraissait parfaitement simple. En Suisse, Gelli avait un «arriéré» de prison à purger pour port de faux papiers, et il devait répondre de la corruption d'un fonctionnaire. On ne lui ferait pas rendre de comptes sur son évasion, puisque celle-ci n'est pas punissable en droit helvétique. Le prix à payer ne pesait pas lourd face aux peines qui menaçaient le «Vénérable» dans la péninsule.

Contact est alors pris par les avocats – Bonnant ayant convaincu Poncet de se joindre à nouveau à la défense – pour organiser avec le juge Trembley le retour de Gelli. «Nous nous sommes souvent rencontrés, raconte l'ancien juge d'instruction, pour organiser cette reddition qui n'avait en fait rien d'extraordinaire. Finalement, nous fixons une fourchette de temps à l'intérieur de laquelle M. Gelli viendrait directement jusqu'à mon bureau. C'était très banal. Jusqu'au moment où Mes Bonnant et Poncet m'annoncent que Gelli est malade, que son état va se dégradant. Je ne suis pas médecin, je n'ai pas à juger. Gelli arrivera, me dit-on, avec des certificats médicaux et les médecins de Champ-Dollon risquent fort de l'hospitaliser. Dès lors, la loi me fait obligation d'en avertir le Conseil d'État: si Gelli est installé à l'Hôpital cantonal, cela implique des moyens de surveillance, la fermeture – peut-être – d'un demi-étage, le déplacement d'autres malades, etc.»

C'est à ce moment que commence ce qu'on croit être l'affaire Gelli.

Parce qu'avec la perspective des élections, les politiques sont de plus en plus chatouilleux sur tout ce qui pourrait leur faire du tort. Parce qu'on leur a assez reproché d'avoir laissé échapper le Marionnettiste, ils n'ont pas l'intention de prendre des risques en pleine période électorale. Robert Ducret, Jaques Vernet et Bernard Ziegler préféreraient que Gelli aille mourir ailleurs que chez eux!

Mais puisqu'il a décidé de venir quand même, ils aimeraient mieux qu'il soit arrêté par la police plutôt qu'il ne se livre spontanément. Qu'il redore au moins, dans la foulée, le blason de nos policiers et donc de Bernard Ziegler…!

Alors le retour de l'Italien et son inculpation par le juge Trembley se muent en un véritable rodéo. On fixe une date. Puis une autre. Finalement on s'arrête sur un lundi matin qui convient à tout le monde. Gelli, s'il a déjà passé la frontière se cache sur notre territoire. Les maisons de ses avocats et l'immeuble du médecin qui va lui décerner un certificat médical sont sous surveillance policière. Avocats et juge sont vraisemblablement sur écoute puisque ce dont ils conviennent ensemble à la dernière minute arrive aux oreilles du procureur et que des agents sont là, en faction, sous les fenêtres du juge Trembley, à l'angle de la rue des Chaudronniers.

«La situation était totalement romanesque, évoque Marc Bonnant, nous le dissimulions pour pouvoir le mettre en prison et non pour le faire évader!» Il fallait pourtant une fin à ce jeu de cache-cache.

«J'ai retourné leur arme contre eux, raconte aujourd'hui Jean-Pierre Trembley: j'ai dit au téléphone aux avocats que je décernais à leur client un sauf-conduit valable pendant deux heures.» Connaissant l'existence du document, la police se savait impuissante et n'a pu que regarder Gelli entrer chez le juge pour en ressortir inculpé.

À 10h09, le 21 septembre 1987, l'ATS publie une dépêche en urgence: «Licio Gelli se rend à la justice genevoise.» Huit mots qui vont provoquer un tremblement de terre. Les représentants de la presse mondiale en poste à Genève arrivent ventre à terre au Palais de justice où une conférence de presse a été organisée. Les chroniqueurs genevois sont littéralement écrasés par leurs confrères, assommés par les téléobjectifs – au demeurant inutiles – que trimbalent les paparazzis surgis de partout. Il règne au Bourg-de-Four un vent de folie totale. Aurait-on arrêté Carlos, le terroriste, que la presse resterait plus calme.

Le juge Trembley, avec sa sérénité légendaire, annonce qu'il a bel et bien reçu le matin même dans son bureau le célèbre fugitif italien et qu'il lui a signifié son inculpation pour corruption de fonctionnaire, ce qui devrait entraîner un procès très rapide. Il ajoute que le prévenu est atteint dans sa santé, qu'il a «mauvaise mine», la suite étant du ressort des médecins de la prison.

Voilà enfin que l'ennemi public n° 1 est derrière les verrous! Ce Machiavel dénoncé par l'Italie pour les pires turpitudes ressemble plutôt à un vieux monsieur malade. «Ce n'était pas quelqu'un hors norme, se souvient Jean-Pierre Trembley. Il n'avait certainement pas l'envergure que lui prêtaient les médias...» Pour Marc Bonnant, c'est l'évidence: «L'homme n'était pas à la hauteur du rôle qu'on lui faisait jouer. Il n'était ni fulgurant, ni cultivé, charmant et chaleureux, mais d'une intelligence plutôt modeste. Il aurait pu faire penser à un petit comptable de province.»

Petit ou pas, Gelli n'enchante pas les politiques. Quand les médecins de Champ-Dollon tardent à hospitaliser le prévenu, on soupçonne fort les édiles d'avoir fait obstacle à son transfert. Quand il est hospitalisé, les élus soupçonnent que les problèmes de cœur de Gelli sont surtout issus du stress que lui infligent ses avocats... Il s'ensuit une très déplaisante escalade de soupçons et de faux-fuyants qui distillent dans la cité de Calvin un air malsain.

> L'Hebdo vient alors ajouter de l'acide dans la digestion des couleuvres que le gouvernement veut faire avaler à la justice: dans un numéro consacré à «l'affaire», deux reporters affirment que le retour de Gelli est dû à une négociation avec le juge Trembley qui aurait joué les justiciers pour sa gloire personnelle. La sortie de l'hebdomadaire vient comme une réplique de la secousse tellurique du 21 septembre et comme en écho aux propos des politiques. Sa théorie salit uniquement pour salir et ne tient sur rien. De telles piques seront réitérées à de nombreuses reprises par le magazine. Attaqués en justice par le juge, les journalistes et leur rédacteur-en-chef devront d'ailleurs répondre de leur propos dans un procès en diffamation et écoperont tous les trois d'une condamnation à un mois de prison avec sursis en 1989.

«Les politiques ne veulent pas que la justice passe!» s'écrie Me Poncet devant la Chambre d'accusation, en novembre 1987, lorsque sont prises les maigres réquisitions contre Gelli. Trois pages à peine. C'est la seule tribune qui permettra à la défense d'exprimer sa désapprobation face à l'attitude du gouvernement. «Des rodomontades électorales» fustige Me Bonnant. «Que les politiques arrêtent de se mêler de ce qui n'est pas de leur compétence! (...) Ils disaient tous le chercher avec le secret espoir de ne jamais le trouver!» Si on avait mis autant d'énergie à l'empêcher de partir... souffle ironiquement l'avocat. Et tant qu'à mettre les pendules à l'heure, Me Poncet en profite pour prendre la défense du juge Trembley, un magistrat «droit, intègre et courageux».

Expliquant que l'état de santé de Licio Gelli n'était pas bon, et souhaitant que le temps de prison qui le séparait de son procès soit plus calme, Dominique Poncet s'insurgea contre les médecins de Champ-Dollon qui avaient tardé à l'hospitaliser. «En voyant cet homme bégayant et pleurant parce qu'on ne voulait pas le laisser rencontrer son médecin, j'ai eu honte de mon pays. Il ne réclamait pas une faveur, il demandait un diagnostic!» La défense, qui a enfin pu s'exprimer contre les brimades qu'elle avait subies avec son client, écoute avec sérénité l'ordonnance de renvoi en jugement.

Le 22 décembre 1987, devant la Cour correctionnelle sans jury, installée pour l'événement dans la grande salle des Assises et sous une surveillance policière digne des plus grands procès, un petit monsieur courbé vient régler ses comptes devant la justice genevoise. Il est affable et souriant, échange des bons mots avec les journalistes.

La corruption est largement reconnue, il n'y a plus rien à expliquer. L'accusé en profite néanmoins pour se dire la victime de persécutions policières dans son pays. Mais le débat ne dure pas. Les faits ne nécessitent qu'une audience très brève.

Alors que le gardien félon avait pris dix-huit mois de prison avec sursis, quand on l'a jugé en 1984, Gelli est condamné à une peine de seize mois avec sursis. Il ne sort toutefois pas immédiatement : il lui reste à purger une peine infligée en 1983 pour faux papiers et le mandat d'extradition court toujours.

Gelli quitte Champ-Dollon – en toute légalité cette fois – à 4 h 30, le 17 février 1988, pour être remis à 8 h 43 aux autorités italiennes au poste frontière de Domodossola.

Genève s'est enfin débarrassée de ce prisonnier si gênant.

Dominique Poncet et Marc Bonnant,
un compagnonnage de plus de trente ans
(Collection privée)

Un bureau couvert de dossier et entouré par les célèbres valises
(Collection privée)

UNE ÉTUDE
EST UN PAQUEBOT

Le capitaine du navire

Plus le navire est gros, moins le capitaine tient tout seul la barre, mais plus il doit connaître le détail de chaque manœuvre. Pendant les années «machine à écrire» et longtemps après, rien n'entrait ou ne sortait de l'étude Poncet sans qu'un double rose ne finisse dans le bac réservé au patron. Obligé de déléguer une grande quantité de ses activités, il tenait toutefois à être au courant de tout. Alors les feuillets roses s'entassaient. Il passait sans doute des dimanches entiers à les lire car il revenait régulièrement le lundi avec des remarques inscrites en marge, des corrections de style sur un courrier, une demande de complément.

Entrent alors en scène les précieuses secrétaires. Celles qui vont prendre note de toutes les directives, qui vont taper des références et les classer, les photocopier. Ces collaboratrices qui vont aussi bien commander un taxi qu'organiser un rendez-vous, qui vont rappeler une convocation au tribunal autant que chez le dentiste. Ces êtres indispensables autant qu'invisibles, sans qui une carrière comme celle de Dominique Poncet ne serait pas.

Une blonde, une brune et une rousse parlent aujourd'hui de Me Poncet avec un respect teinté d'amour filial. Chacune à sa manière, a donné son temps et son travail, mais a reçu aussi tellement. Trois «drôles de dames», dynamiques et efficaces, qui prétendent que leur patron «est toujours là» tant il a insufflé à l'étude son âme et sa personnalité. Une chaleur tout italienne qu'on n'oublie pas.

Sa principale collaboratrice fut Michelle Tronchet, qui fonctionna très vite comme... bibliothécaire! Entrée au service de Me Poncet en 1973, elle a passé toute sa carrière à ses côtés. «Une grande partie de ma vie, en fait!» réalise en écarquillant ses yeux bleus sous une frange blonde impeccable, celle que Dominique Poncet avait surnommé «Révérende Mère». Épouse d'un clerc de l'étude, mère de deux filles, elle eut aussi le bonheur de vivre des moments d'amitié avec le couple Poncet. «Un beau couple, plein d'humour. Partager leur table était un réel bonheur.» Une intimité que peu d'élus connaissaient.

Au bureau, dans une familiarité empreinte de mille courtoisies, les discussions se poursuivaient. Michelle Tronchet tapait à la machine les cours du professeur, ses mémoires, veillait à ce que tous ses documents soient ordonnés, organisait ses déplacements, ses conférences, etc. C'est donc à elle que l'on demande spontanément si le grand maître était un patron difficile: «Jamais! S'il avait des coups de gueule, il venait s'en excuser la minute d'après. Il ne supportait pas une chose: qu'on lui fasse la tête! Il sentait immédiatement si quelque chose n'allait pas.» Il posait des questions, s'intéressait à chacun. «Il était toujours prêt à nous aider pour tout. Savait offrir la petite chose qui pouvait faire plaisir. En retour, peu de gens pensaient à lui offrir des cadeaux qui lui faisaient pourtant grand plaisir. Mais si on fait le bilan, il ne recevait jamais à hauteur de ce qu'il donnait.»

Avec Sylvie Pasquier, la secrétaire de Me Assaël, des stagiaires et du premier clerc, Me Poncet avait des rapports différents: matinaux déjà, parce qu'il partageait avec Sylvie son arrivée à l'étude – quand il n'était pas là deux heures avant elle –, cette mise en route de la journée, ces moments précieux où le téléphone ne sonne pas encore et où l'esprit est vif, plein de créativité devant le premier café.

Des rapports paternels ensuite, de par leur différence d'âge et l'affection que Me Poncet portait à Sam, le fils de Sylvie. «Il me demandait toujours des nouvelles de ma famille. Il était très attentif à cela et me disait constamment que c'était ce qu'il y avait de plus important.»

Me Poncet entre Dominique Liborio (à gauche) et Michelle Tronchet
(Collection privée)

Des rapports exigeants, enfin, lorsqu'avec une autre secrétaire, elle était convoquée par Me Poncet dans la salle de conférence de la Corraterie pour mettre en forme la documentation d'un procès. «On ventilait 50 millions de fois des papiers dans 50 millions de dossiers différents» dit-elle en riant. «Nous devions être très attentives à ses instructions, car il avait horreur de répéter.» Ses directives se terminaient souvent par un «Vous avez compris? C'est bon?» auquel il était préférable de répondre positivement... Mais l'exigence du patron n'était pas mal perçue, du fait qu'il s'appliquait à lui-même une exigence plus grande encore.

Ce que Sylvie a le plus apprécié, chez son patron, c'est l'ouverture d'esprit qu'il avait en permettant à ses employés de suivre certaines audiences de la Cour d'assises. «C'était formidable, car, après, nous en parlions avec lui. C'était très enrichissant!»

Personne ne ressentait de la part de Me Poncet une domination patronale. «Il nous présentait toujours comme ses «collaboratrices», jugeant peut-être le terme plus valorisant. Il avait beaucoup de respect pour ses employés», pour les petits en général.

Philippe Neyroud affirme que Me Poncet n'avait pas d'affection particulière pour les administrateurs de banque. Il leur préférait la compagnie d'un chauffeur de taxi. L'associé de Dominique Poncet rappelle avec bonheur cette anecdote: «Poncet annonce un jour à un banquier privé qu'il lui a recommandé un client, ce dont on le remercie vivement. Quand le «client» arrive, le banquier constate qu'il s'agit en fait d'une femme de ménage qui dit vouloir bien ouvrir un compte à condition qu'on lui attribue la charge de nettoyage de l'établissement!»

À l'étude, on savait fêter les événements (examens, anniversaires, etc.) comme une famille. Ici: les 70 ans de Me Poncet
(Collection privée)

«Il préférait la noblesse de cœur à celle du porte-monnaie» résumait élégamment Robert Turretini, expliquant ainsi que l'avocat ne souhaitait s'intégrer à aucun groupe. Son appartenance au Rotary était, en ce domaine, une exception.

Dominique Poncet n'aimait pas fermer la porte de son bureau. Sans doute ses origines italiennes lui faisaient-elles aimer un certain bruit ambiant, une circulation de personnes et donc d'idées, cette façon aussi d'être au courant de tout. Lui-même ne se cachait pas, lorsqu'il téléphonait à son épouse et lui disait des petits mots tendres avec sa porte grande ouverte…

«Venez, venez!» lançait-il en se levant au visiteur qu'il invitait à s'asseoir chez lui. «Restez, restez…» continuait-il lorsque son hôte s'excusait d'éventuellement déranger. Quand, vraiment, il devait différer l'entretien, il commençait par un célèbre: «Ça brûle, Maître?»

Rue de Hesse, le bureau était très vaste, situé à l'angle de l'étage, avec une perspective sur la réception où était installée Dominique Liborio, LA téléphoniste de l'étude. Génoise comme lui, elle le comprenait en patois, ce qui avait créé entre eux une complicité particulière. "Liborio" ainsi qu'il l'appelait tel un fidèle lieutenant, lui vouait une grande reconnaissance. Celle de lui avoir procuré un emploi quand elle en avait besoin, celle d'avoir toujours compris qu'elle devait parfois jongler entre sa vie de maman toute seule et de secrétaire dévouée, celle d'avoir toujours conseillé et encouragé sa fille devenue aujourd'hui une avocate à la carrière prometteuse. Était-ce une relation d'amitié? «Non. Il était le patron, nous le respections comme tel. Mais nous avions de l'affection pour lui. À son décès, j'ai pleuré plus que pour mon père» confie Dominique Liborio.

Pour lui, chacun et chacune affirme n'avoir jamais compté ses heures. «La ruche bourdonnait, c'était passionnant!» Mais dans une telle intensité permanente, n'y avait-il pas des accrochages? – Parfois, il pouvait se fâcher. Mais il oubliait vite. «Il suffisait qu'on boude pendant deux minutes, pour qu'il fasse machine arrière, il ne supportait pas cela.» D'où le sourire-bouclier dont parle Marc Bonnant, ou encore la peur-panique des conflits comme l'évoque son frère Charles. Un personnage, en tout cas, qui ne vivait bien que dans la courtoisie, dans l'apaisement.

Avocat par atavisme

L'étude Maunoir et Poncet, après avoir logé rue de la Bourse, s'installait en 1940 à la Fusterie. En 1951, elle accueillait comme associé Robert Turretini, un des premiers avocats genevois à avoir appris l'anglais en Amérique et à s'être spécialisé dans le droit des affaires. Fraîchement breveté, le jeune Dominique vient alors grossir les rangs de l'équipe, mais plus souvent comme «saute-ruisseau», dit Me Turretini, que comme avocat. «Il apportait le courrier, convoyait son père en voiture... c'est ce qu'il fit pendant plusieurs années, quand il n'était pas à Londres pour un stage ou devant les tribunaux pour une affaire dans laquelle il avait été nommé d'office.»

Si la famille très protestante de Robert Turretini ne voit pas d'un œil enthousiaste cette association avec un Poncet catholique et salévien, elle accepte tout de même de louer des locaux à l'étude dans l'immeuble qu'elle possède à la rue de la Corraterie. Les bureaux s'y transportent en 1961. Ce déménagement coïncide avec le décès de Jean Poncet et la reprise par Dominique de son statut d'associé.

Désormais, Poncet et Turretini sont à part égale. «Il était pour moi comme un frère» reconnaît l'ancien avocat aujourd'hui âgé de 94 ans.

Très vite, Dominique prend en mains les destinées de l'étude, il l'organise. Il y engage des quantités d'avocats prometteurs parmi lesquels son frère Charles, Me Nançoz, Me Neyroud, Me Warluzel, Me Amaudruz et autres qu'il propulsera bientôt à l'avant-scène. «Comme son père avant lui, Dominique mit toute son énergie dans sa carrière» raconte Me Turretini. Toujours intéressé par la chose politique, affichant ouvertement ses idées libérales, il ne fit pourtant aucun pas dans cette direction. C'est Carlo qui reprendra la flamme paternelle en se faisant élire député. Et en se faisant remarquer autant que son père par son amour de la provocation. Jean Poncet, alors qu'il présidait notre parlement cantonal auquel on demandait une amélioration du salaire des magistrats n'avait-il pas rétorqué: «Vous n'allez pas les augmenter, ils vont devenir impertinents!»

L'HUMOUR
PAR-DESSUS TOUT

«Dominique était très comédien, raconte Robert Turretini, c'est ce qui le rendait sympathique à tout le monde. Il était têtu comme une mule, mais toujours aimable.» Tout passait par le sourire, le bon mot qui effaçait tout, la répartie. «Il avait la possibilité d'écraser quelqu'un en trois phrases, mais il était toujours courtois» souligne Jean-Pierre Trembley. Il ne ratait pas une occasion de s'amuser.

Le prix d'un œuf?

Me Dominique Poncet avoue: il ne sait pas préparer une tasse de thé et n'a pas la moindre idée du prix d'un œuf. Mais il a dans la tête plus de 10 000 bouquins de droit. Il prétend par ailleurs que sans amour il ne pourrait pas respirer. Charmant et prévenant, le maître arrête aussi son réveille-matin avant qu'il ne sonne. Cela pour ne pas réveiller sa femme, qui le supporte depuis quarante-trois ans... Page 74 ►

Le Matin
9 février 1997

Quelques perles en forme de sourires...

Dans l'affaire Gelli, les photos du grand Maître de la Loge P2 et du juge Trembley circulaient à grande vitesse sur les téléscripteurs du monde entier. Ce qui avait valu à un journaliste asiatique de mélanger les deux portraits. Me Poncet, vraisemblablement le seul à Genève à être abonné au Bangkok News, avait découvert la photo du juge avec en légende: «L'ennemi public n° 1». L'avocat avait fait parvenir une copie de l'article au juge d'instruction, avec, griffonné sous la photo: «Bonne chance pour vos prochaines vacances en Asie!»

* *
*

Dans la même affaire, minimisant l'importance de la loge P2: «Ce n'est qu'un mini-Rotary!» avait dit Dominique Poncet en clin d'œil au président Jean Maye qui siégeait, comme lui, au sein du club genevois…

* *
*

– Cher Maître, dit un jour un client à Me Dominique Poncet, à quoi s'expose-t-on pour bigamie?
– À deux belles-mères!

* *
*

Jacques Vergès et Dominique Poncet
avaient en commun la passion de la défense
(Collection privée)

Quand il était jeune patron d'étude, Dominique Poncet avait trouvé en Ariel Bernheim un complice idéal. Le bâtonnier Michel Halpérin se souvient en particulier des multiples échanges de blagues et de bons mots entre eux. Tels deux compères, ils s'entendaient à merveille pour mettre sur pied des canulars. Ainsi le numéro monté tout exprès pour Me Nançoz. Me Bernheim lança un premier téléphone avertissant son confrère de la venue du bras droit de Mgr Lefebvre, frère Daniel de Prémontrée, désireux de confier à Me Nançoz quelque affaire. Rendez-vous est pris à l'étude. C'est là qu'intervient Dominique Poncet. Par on ne sait quelle astuce il parvient à se faire livrer un costume complet de religieux. Me Ariel Bernheim s'en affuble et va au rendez-vous… Me Halpérin, fonctionnant comme chauffeur, dépose le «déguisé» à la Grand-Rue. La blague a tenu pendant plusieurs minutes selon les versions. Me Nançoz, finalement, a flairé l'usurpation d'identité À quelques pas de là, à la Corraterie, Dominique Poncet se délectait de l'instant, comme un bachelier. Il subsiste de cette complicité un florilège de courrier dont Michel Halpérin évoque avec bonheur l'humour et la finesse.

* *
*

Dominique Poncet affectionnait la formule du bizutage. Il fit plus d'une fois rougir un stagiaire en lui confiant une cliente prétendument battue par son époux. Le débutant se retrouvait dans une salle de conférence, seul en compagnie de la dame. Celle-ci, se lamentant du mauvais traitement qu'on lui faisait subir, commençait alors à se déshabiller pour exhiber ses blessures. C'est en général le moment que choisissait Dominique Poncet pour pénétrer dans la salle et afficher une mine désappointée, refermant rapidement la porte sur un: «Excusez-moi!» qui mettait l'apprenti-avocat dans tous ses états. L'actrice engagée pour l'occasion se rhabillait, et le stagiaire rosissant s'en allait dans le bureau de son patron, tenter une explication dont on lui ferait toujours croire qu'on ne la tenait pas pour vraie…

* *
*

Georges-A. Cretton
(Collection privée)

En juillet 2000, Me Poncet créa l'événement en annonçant à grand renfort de presse qu'il allait demander la révision du procès de Farinet. Dans la logique de sa défense de l'enquête contradictoire, Me Poncet ne pouvait que revendiquer la révision d'un jugement rendu par suite d'une instruction totalement inquisitoriale et d'un procès dans lequel la parole avait à peine été donnée au prévenu. Il invita à se joindre à lui le symbole même de l'avocat rebelle, Me Jacques Vergès. En robe, le sécateur à la main, sous une pluie battante, les deux juristes grimpèrent le coteau menant à la vigne de Saillon, non loin de l'endroit où décéda Farinet en 1880. Ils prononcèrent alors des plaidoiries qui mirent en avant la gloire d'un faux-monnayeur qui désacralisa l'argent, en fit un jouet, en conservant ce qui fait la mission de l'avocat et l'étincelle d'un homme : sa liberté.

*　*
*

(Collection privée)

(Collection privée)

Il y a, dans la vocation d'avocat, une nécessité de se mettre en scène. Dominique Poncet n'échappait pas à la règle. La magie lui était venue avant l'avocature et procédait du même désir de séduire son auditoire et son interlocuteur. Cette magie, comme le dit Charles, son frère, qui apprend à montrer ce qu'on ne peut pas voir…

(Collection N. Cardinaux)

S'ennuyant durant les soirées annuelles de l'Ordre des Avocats, Dominique Poncet eut l'idée de les agrémenter de quelques tours de magie. Et puis, un jour, il fut question d'une revue. Quelques copains montèrent alors sur scène et l'on se mit à pasticher les chansons du moment. « Domino » restait le régisseur de l'opération, un peu metteur en scène, beaucoup instigateur des pires jeux de mots. Avec Jacques Hochstaetter, Vincent Cardinaux, Willy Bourquin et Claude Chappuis, il monta les premières revues qui connurent un succès retentissant. Elles se préparaient alors dans la salle paroissiale de Champel. Au fil des années, le relais fut pris par de multiples troupes et le spectacle devint le clou de la soirée. «Il venait souvent aux répétitions» raconte Gilles Monney, éclairagiste de la Revue pendant longtemps. «C'était à l'Hôtel des Bergues. Il écoutait, il était attentif à tout. Il n'aimait pas que les projecteurs fassent des ombres, il était très perfectionniste.» Le soir de la Revue, il s'asseyait toujours au premier rang. À la fin du spectacle, il serrait la main à tous les artistes.

* *
*

Me Poncet adorait rire. Il aimait rapporter des anecdotes, des bonnes blagues. Mais auparavant, il demandait toujours: «Vous avez une minute?» On ne l'avait pas, pas plus que lui, mais on le laissait faire. «Vous savez ce qu'on dit...» commençait-il alors...

* *
*

«On ne peut pas demander à un policier de ne fréquenter que des archevêques et des mères supérieures.»

* *
*

«Claro! C'est ce que disent les avocats sud-américains, quand ils n'ont rien compris...»

* *
*

«Vous voyez, à mon âge, comme on dit, le futur n'est plus ce qu'il était!»

* *
*

Un ami de Me Poncet s'étonnait un jour que l'avocat confiât certains de ses clients importants à un de ses assistants ou associés. « Ils viennent chez toi pour ta réputation, ton talent, et les voilà entre les mains de quelqu'un d'autre… il y a de quoi être déçu. » Me Poncet répondait avec sérénité : « Quand tu vas manger chez Girardet, tu ne t'attends tout de même pas à ce qu'il épluche lui-même les patates ! »

* *
*

Dominique Poncet avait le don de mettre sur pied des fêtes. Il aimait les événements, il savait merveilleusement bien les organiser. Ainsi en 1976, alors que Charles Griess, premier clerc de l'étude, célébrait ses cinquante ans de maison, le « Tout-Genève du Barreau et de la Magistrature » comme annonça la Tribune, fut convié au restaurant du Parc des Eaux-Vives. L'événement, relayé par les gazettes, fut agrémenté d'une revue haute en couleurs. Au total, M. Griess aura passé près de septante années de sa vie au sein de l'étude. Aujourd'hui, c'est Ermes Tonsi qui a pris la relève d'André Tronchet (quinze ans à l'étude) et le relais de M. Griess. Le clerc est un pilier essentiel d'une étude. Il tient le rôle des audiences, surveille les délais, etc. C'est un élément indispensable, le « cuisinier-chef » comme dit Me Assaël de M. Tonsi.

déclare entre autres que « l'on finit par aimer les choses parce qu'on a su les découvrir ».

M. D.

50 ANS DE « BASOCHE » POUR SON PREMIER CLERC

L'étude Poncet en fête

Ce fut une des plus brillantes soirées que la société genevoise a connues ces dernières années. Hier soir, dans le cadre apprécié du restaurant du Parc des Eaux-Vives, Me Dominique Poncet et ses deux associés, Maîtres Robert Turrettini et Michel Amaudruz, avaient convié à dîner plus d'une centaine de personnes du monde judiciaire pour célébrer les 50 années de présence à l'étude de leur premier clerc, M. Charles Griess. Un clerc qui fut véritablement le héros de la fête et auquel le conseiller d'Etat Guy Fontanet, le procureur général Raymond Foëx et le bâtonnier Jacques Mentha rendirent un hommage émouvant et chaleureux. A noter que M. Griess, nullement affecté par une carrière pourtant bien remplie, n'a aucune envie de prendre sa retraite… La soirée fut ponctuée par la désormais célèbre « Revue du quatuor » dont le talent et l'humour peuvent faire bien des jaloux chez les professionnels. (Th. M.)

Collecte pour le million

La Suisse
25 février 1976

* *
*

Un fameux mariage fut célébré, un beau jour de juillet 1967 à la mairie de Vandœuvres. Le bruit courut alors qu'une des vedettes de l'époque, Françoise Hardy, avait convolé avec un avocat du cru dans la belle commune genevoise dont le maire n'était autre, alors, que Robert Turretini. On imagine les journalistes aux aguets… Finalement, le pot-aux-roses fut découvert : Dominique Poncet venait de prendre pour épouse Éliane Uldry – et non Hardy ! Les amis des mariés étaient à l'origine du canular…

* *
*

L'avocat affectionnait l'autodérision. « Il se réservait le sarcasme » aime à dire Marc Bonnant. Dans La Suisse, le Furet se demandait un jour pourquoi il fallait donner du « Maître » aux avocats. « Ces hommes seraient-ils plus importants que les autres ? » questionnait un lecteur… C'est Me Poncet qui lui répondit, donnant les origines historiques du port de la robe et rappelant que l'utilisation d'un titre « ne donne pas nécessairement à l'intéressé la qualité d'une personne supérieure : on dit bien le Dr Petiot ! »

RETOUR À STRASBOURG

L'affaire Schenk

Lassé par un divorce qui n'en finit plus, le magnat des vins vaudois Pierre Schenk contacte en 1981 un tueur à gages afin qu'il supprime son épouse. Mais le malfrat, visant une récompense, trahit son commanditaire, enregistre leur conversation et va en confier l'enregistrement à l'épouse de Schenk qui dépose plainte aussitôt.

Inculpé d'instigation à assassinat, le négociant en vins obtient d'abord un non-lieu. Puis, suite à un recours du Ministère public, il est renvoyé en jugement. Le 13 août 1982, le Tribunal criminel du district de Rolle le condamne à dix ans de réclusion, fondant notamment sa conviction sur la fameuse cassette. Le condamné a alors 70 ans, il sera gracié deux ans plus tard par le Grand Conseil vaudois.

Libre, mais clamant toujours son innocence et s'estimant injustement sali, l'homme cherche à laver son honneur. Il saisit le Tribunal fédéral qui admet l'illégalité de l'enregistrement mais estime son utilisation justifiée. Alors, il ne reste que Strasbourg et la Cour européenne des droits de l'homme.

Au-delà du cas particulier, l'affaire évoque un problème crucial du procès pénal. Dominique Poncet, le 22 mars 1988 dans la capitale alsacienne, enfourche son cheval de bataille favori: le strict plan de la légalité. «On ne peut pas faire respecter la loi en violant la loi» plaide-t-il avec force et émotion devant la plus haute instance européenne. «C'est la porte ouverte à la basse police, à tous les coups! La preuve illégale, insiste-t-il, est un objet contaminé qui infecte tout le procès.» Pour le professeur de droit, pour le pénaliste aguerri, le fait de plaider devant ces juges internationaux revêtait malgré tout un caractère d'événement. Dominique Poncet l'a vécu comme tel, avec une émotion très particulière.

L'audience avait attiré de très nombreux médias qui guettaient la décision strasbourgeoise. Celle-ci tombe à la mi-juillet : la Convention européenne des droits de l'homme n'a pas été violée car la cassette n'a pas constitué à elle seule la preuve sur laquelle a été fondée la condamnation de Pierre Schenk. En outre, la présomption d'innocence n'a pas été violée par le Tribunal de Rolle, pas plus que la sphère privée. La Cour s'estime de surcroît incompétente pour « réglementer l'admissibilité des preuves en tant que telles » car cela relève du droit interne.

UNE AFFAIRE DE FAMILLE

Le parricide des Tattes

Il y a beaucoup de monde dans le restaurant des Tattes en cette veille de Noël. Nous sommes le 23 décembre 1991. Denise et Marcel sont venus déjeuner, comme souvent, avec leur fils Alain, gérant de l'établissement dont son père est propriétaire. À l'issue du repas, Marcel, ne retrouvant pas les denrées périssables qu'ils avaient montées de la cave pour les emporter, décide de retourner dans les sous-sols. Il n'en ressortira pas vivant.

Étonné de ne pas le voir revenir, son fils va le chercher. À 12h45, il ressort des lieux les yeux exorbités : son père est mort près d'un des frigos, étranglé par sa cravate, baignant dans son sang. Le malheureux a reçu un grand nombre de coups de barre de fer sur la tête avant d'être traîné sur plusieurs mètres dans le couloir. Denise, la mère, se précipite aussi. Alain, qui a du sang de son père sur lui, se lave brièvement les mains avant d'appeler la police. Un geste qui lui coûtera très cher.

Les enquêteurs font des relevés, posent des questions, interrogent les employés, les clients présents. La porte de la cave donnant sur l'extérieur était ouverte, selon Alain. Celle conduisant au café était fermée. Lui-même a dû faire le détour avant de retrouver son père mourant. Dans ce quartier pas facile, où vivent normalement des saisonniers et où se sont récemment installés des requérants d'asile, et après quelques cambriolages, on peut très bien imaginer qu'un individu indélicat ait été surpris en flagrant délit de vol par Marcel et se soit défendu avant de fuir. Parce que Marcel ne se connaissait pas d'ennemi, parce qu'il formait avec sa femme et son fils une famille unie et que personne ne vient dire qu'il était en bagarre avec qui que ce soit.

Mais…

Mais il y a la caissière, en fait la maîtresse d'Alain – ce jeune père de famille sans histoire – qui vient dire qu'elle a d'abord pensé qu'Alain avait tué son père. Dieu seul sait pourquoi elle le pense, et encore plus pourquoi elle le dit aux policiers. Plus tard, quand elle revient sur cette impression, le mal est fait. L'idée a fait son chemin.

Mais il y a cette phrase répétée par Alain: «Ce n'est pas moi, je n'ai pas tué mon petit papa chéri» qu'Alain a répété à plusieurs reprises sans qu'on ne lui demande rien.

Mais il y a cette découverte par la police et la juge d'instruction Carole Barbey: l'image de la famille unie se lézarde passablement lorsqu'on comprend que Denise et Marcel vivaient séparés depuis des années, qu'il avait des compagnes dont une régulière avec laquelle il logeait et que ce n'était pas forcément pour le plus grand bonheur de sa légitime épouse. Même si une convention avait dûment été signée régularisant son domicile extraconjugal.

Mais il y a aussi les dettes énormes d'Alain – près de 700 000 francs – alors que ce fils unique avait toujours bénéficié des largesses de son père et espérait obtenir de lui un nouveau prêt.

Mais il y a surtout la fortune que laisse Marcel, estimée à 3,2 millions…

Cela fait beaucoup de «mais» qui conduisent Mme Barbey à prononcer un mandat d'arrêt contre Alain qui dormira, le 25 décembre au soir, dans une cellule de Champ-Dollon. Le 27 décembre, sa détention est prolongée pour trois mois par une Chambre d'accusation siégeant à huis clos puisque la procédure est «supersuspendue», c'est-à-dire que le juge travaille dans le secret le plus total et que personne n'a accès au dossier.

Au début du mois de février, c'est la surprise : Denise, la mère d'Alain, est à son tour inculpée d'entrave à l'action pénale et de faux dans les titres. On lui reproche de fausses factures et surtout d'avoir incité certains témoins à faire de faux témoignages pour innocenter son fils. Elle est laissée en liberté par respect pour son âge (71 ans).

L'instruction se poursuit cherchant à explorer toutes les pistes possibles. Puisqu'Alain a nié depuis le début, quelqu'un d'autre a tué Marcel… Mais quelqu'un sur qui on ne parvient pas à mettre la main. Si bien qu'après six mois sans autre suspect, l'affaire est jugée terminée et le dossier transmis au Parquet afin qu'il prenne des réquisitions. Mais ce qui fait bondir la défense, le 30 juin 1992, c'est la qualification retenue des actes reprochés : l'assassinat pour le fils et la complicité d'assassinat pour la mère ! C'est la perpétuité qui guette !

GENÈVE — 28 — JEUDI 6 AOÛT 1992

Justice et hypnose : la controverse

Et si les juges avaient accepté l'expérience dans le crime de Vernier

Pour Me Dominique Poncet, l'hypnose aurait pu être un acte d'instruction comme un autre.

«Et maintenant, dormez, je le veux.» Cette image de l'hypnose, rattachée à la magie ou au monde du spectacle, est dépassée. Reconnue par les médecins, cette technique s'attire encore la méfiance des juristes. Comment aurait-on pu l'appliquer si l'accusé du crime de Vernier avait obtenu le droit de recourir à cet «état avancé de détente» ? Quelle crédibilité attacher aux résultats de l'interrogatoire ?

La Chambre d'accusation a refusé, mardi, au présumé assassin du restaurant des Tattes de déposer sous hypnose. Dans le cas d'une décision positive, **«l'expérience aurait pu prendre la forme d'une expertise ou d'un simple acte d'instruction»** suggère le professeur Dominique Poncet, l'un des trois avocats du prévenu qui penche pour la seconde hypothèse : **«Fondamentalement, la déposition sous hypnose constitue un interrogatoire comme un autre.»** Organisé dans le cabinet du juge ou chez le spécialiste, il serait pratiqué en présence de toutes les parties. Le sujet devrait répondre aux questions de l'hypnotiseur, questions préparées d'avance par le magistrat et les avocats.

Si l'inculpé retrouve sa liberté provisoire, il pourra tenter le coup à titre privé et produire les résultats le jour du jugement. Toutefois, la jurisprudence du Tribunal fédéral écarte la preuve obtenue de manière illégale en citant l'exemple de la narco-analyse, plus connue sous le nom de «sérum de vérité». Le président de la Cour d'assises peut donc très bien exclure l'expérience des débats. **«Si l'hypnose n'est pas légale, elle n'est pas non plus expressément** Me Poncet. La Cour suprême des Etats-Unis a déjà autorisé un accusé à recourir à cette méthode. Utilisée à des fins thérapeutiques ou pour faciliter des enquêtes, elle ne constitue donc pas **«une atteinte intolérable aux droits d'un individu»**, estime l'avocat. Me Poncet s'interroge enfin sur le refus des juges : **«Peut-on vouloir faire le bonheur d'un accusé contre lui-même ?»**

Spécialiste sceptique

L'hypnose, utilisée comme outil thérapeutique, est également associée aux enquêtes dans les pays anglo-saxons. En 1976, une brigade hypnose a même été créée à New York. Plusieurs milliers d'affaires auraient été résolues grâce à ce procédé. Ainsi, une femme s'est souvenue trente-cinq ans plus tard du meurtre de sa mère et du dépeçage du cadavre par son père. Au Canada, le témoin d'un crime avait chassé ce souvenir douloureux de sa conscience. Hypnotisé, il a pu décrire les assaillants, répéter leur paroles ainsi que les noms par lesquels ils s'interpellaient.

De ce côté-ci de l'Atlantique, on se méfie des moyens qui violent la conscience. En Allemagne, l'hypnose est in[terdite] … droits de l'homme prohibe tout ce qui affecte l'intégrité du corps ou la dignité de l'individu, même si ce dernier le demande.

Le Dr Philippe Bourgeois, qui donne un cours sur l'hypnose à l'Hôpital cantonal, croit aux seules vertus médicales. **«Des liens historiques rattachent encore trop souvent l'hypnose à la magie ou au charlatanisme. Ce moyen ne présente toutefois aucune valeur dans le cas évoqué plus haut.»** Le prévenu peut très bien mentir, répondre comme il l'entend, se tromper même de bonne foi. Cela aurait pu présenter un intérêt en cas d'amnésie, comme pour l'assassin de Bob Kennedy (à qui on vient de refuser sa quatorzième demande de libération conditionnelle) qui avait perdu le souvenir de ses actes.

Au niveau de l'enquête et des témoins, **«il faut prendre des précautions, poser les bonnes questions pour ne pas induire les réponses».** Si cette forme d'interrogatoire est bien réalisable — **«je le pratique lors des séminaires devant cinquante étudiants»** — le spécialiste assure qu'il ne prêtera jamais son concours dans l'affaire de Vernier.

Fati MANSOUR

La Suisse
6 août 1992

Alors on monte au front et on dépose une requête historique dans les annales de la justice genevoise : Alain demande à être interrogé sous hypnose ! Il le fait d'abord directement auprès de la juge d'instruction par un courrier du 3 juillet 1992. L'inculpé, écrit alors Dominique Poncet, est choqué qu'on lui impose en définitive de faire la preuve de son innocence. « Ne sachant plus comment y parvenir, il s'est résolu à demander l'intervention d'un hypnotiseur. »

L'avocat, habitué à anticiper, se défend d'avoir conseillé à son client cette pratique en laquelle il ne croit pas trop lui-même. Il dit avoir informé Alain que ce moyen de preuve n'était pas retenu par la loi et qu'il avait dû reconnaître avec lui que ce n'était toutefois pas interdit ; qu'il a averti son client que la méthode violait la conscience de celui qui s'y soumettait et qu'Alain a affirmé y consentir malgré cela ; quant à la valeur scientifique d'une telle investigation, l'avocat et son client n'en ont pas la même interprétation.

L'histoire judiciaire, explique encore Me Poncet pour faire bon poids, fait état de différents résultats obtenus à la suite d'interrogatoires sous hypnose et souvent de résultats positifs : de 1976 à 1980, à New York, des milliers (sic) d'affaires ont ainsi été résolues…

Deux semaines plus tard, Mme Barbey rend ses observations. Elle balaye un à un les arguments de la défense : « L'interrogatoire sous hypnose n'étant pas prévu par le code, dit-elle, il doit être considéré comme interdit et la requête rejetée. » Elle ajoute que le code de procédure pénale genevois, comme la procédure suisse, comme la Convention européenne des droits de l'homme (CEDH) et nombre de codes étrangers « prohibent le recours à des moyens de preuve tels qu'un interrogatoire sous hypnose ou une narco-analyse ou encore tout autre moyen par lequel l'inculpé est privé de sa conscience ou de sa volonté. » Ce moyen de preuve, souligne la magistrate, « répugne à la conscience » parce qu'il avilit l'être humain et peut être considéré comme dangereux. Et Mme Barbey de citer largement la doctrine à ce sujet. Il faut donc rester dans le cadre des moyens de preuve respectant la dignité humaine, même si l'inculpé lui-même réclame d'autres investigations.

Avec une ironie sous-jacente, la juge insiste : « À cet égard, le juge ne peut que citer un autre auteur qui va dans le même sens, à savoir le professeur Dominique Poncet qui, dans son remarquable ouvrage relatif à la CEDH, rappelle que « la Convention proscrit les traitements inhumains et dégradants et condamne la torture. Rapportées à la procédure pénale, ces interdictions ont pour effet de rendre illicites de tels traitements – à supposer que la législation interne les autorise –, et donc illégales les preuves obtenues de la sorte: elles ne pourront dès lors être admises… on doit considérer d'autre part que cette interdiction s'étend également aux procédés qui comportent la violation de la conscience de la personne (par exemple la narco-analyse) et cela, nous semble-t-il, même si celui qui en est l'objet y avait consenti: plus, même s'il l'avait lui-même demandé.»

«En l'espèce et concernant [cette affaire], le Juge ne peut que constater qu'en formulant une requête d'interrogatoire sous hypnose Me Dominique Poncet ne souscrit absolument pas à la thèse développée par le professeur Dominique Poncet (vivons-nous un nouveau Dr Jekill and Mr Hyde?)» Le recours à l'hypnose, résume Mme Barbey, «est interdit et son résultat éventuel sera nul», le consentement du prévenu restant sans effet, «puisque le consentement ne saurait rendre légal un moyen de preuve prohibé.»

La défense ne s'avoue pas vaincue et recourt devant la Chambre d'accusation. Même combat, mêmes arguties. «Il s'agit d'en avoir le cœur net» demande en substance Me Poncet qui veut que la Cour d'assises puisse juger en toute connaissance de cause. «Pour celui qui clame son innocence alors qu'il est sur la route qui mène à l'échafaud, il est excessif de qualifier l'hypnose de moyen violant la dignité humaine» déclare Me Poncet.

Détecteur de mensonge? Sérum de vérité (narco-analyse)? Les mots peuvent effrayer. Mais les chroniqueurs judiciaires se délectent de ce combat de juristes qui donnent à l'affaire une couleur «polar» tout à fait particulière…

Le Ministère public y voit une violation des droits de l'homme. «Si on l'imposait, oui, rétorque Me Poncet, mais si l'inculpé le réclame…» Quand on suggère que le professeur Poncet, lui, n'a jamais cru à cette manière d'interrogatoire, et que le paradoxe est peut-être poussé trop loin, il répond: «Je suis là pour défendre un accusé, pas mes opinions. Je n'ai pas à juger sa requête, mais à vous la soumettre…» Pour prendre le temps de lire toute la documentation que chaque partie livre à l'appui de sa théorie, les juges gardent la cause à juger.

Le 4 août, ils reviennent avec un non définitif, qui reprend en grande partie les motifs de Mme Barbey.

Le Parquet, persuadé du mobile financier du crime, souhaite étayer encore plus sa thèse et renvoie à l'instruction une demande de complément d'information. Christian Coquoz, par le biais d'une expertise graphologique, espère démontrer que l'inculpé avait falsifié deux documents. En apposant lui-même la signature de son père sur l'octroi d'un prêt et en truquant le retrait d'une plainte déposée par le père alors que 300'000 francs avaient disparu de son domicile. Ces pièces, si elles avaient été fausses, auraient frappé comme un coup de massue sur la tête d'Alain qui n'aurait plus eu aucune issue. Mais l'expert affirme que les deux paraphes sont bien de Marcel. Une fois cette pièce ajoutée à la procédure, Christian Coquoz prend des réquisitions contre Alain, tandis qu'il laisse tomber la prévention contre Denise. Cette dernière, par la voix de son avocat, Me Vincent Spira, tentera de se porter partie-civile au début du procès, mais cela lui sera refusé.

Mes Poncet, Assaël et Funk devant la maquette du Centre des Tattes réalisée pour le procès

Le dossier des Tattes, c'est 2000 pièces de procédure, cinq classeurs fédéraux, qui aboutissent enfin devant l'instance suprême, le 24 mai 1993.

Alain est seul sur le banc des Assises. Pâle, il est immobile dans son pantalon gris et son blazer bleu marine. Impassible. «Ne confondez pas froideur et malheur» dira plus tard Robert Assaël, en reprenant une expression de Denise. Alain n'a jamais été une forte personnalité. Comme sa mère, il était un peu écrasé sous celle de son père.

C'est d'ailleurs sur ce rapport d'inféodation que l'accusation construira sa théorie: lassé de devoir de l'argent à son père, agacé d'avoir encore et toujours à lui en demander, en rage parce que ce père le dominait sans cesse, il avait préparé son coup et frappé avec haine. «Il avait reproduit l'exacte vie de son père (restauration, maîtresse, relations familiales bien moins unies qu'il ne le prétend). Sous chacun des onze coups de barre métallique sur le crâne de son père, il a déchargé de longues années de frustration, de rancœur, sourde, épaisse. C'était la mise à mort de sa propre image.»

Mais aucun témoin, parmi les 23 qui passent à la barre, ne vient dire qu'Alain ne s'entendait pas avec son père ou qu'il avait eu une altercation avec lui ce jour-là. Personne n'était vraiment au courant de la séparation de Denise et Marcel ainsi que du jeu de dupes consistant à donner l'image d'une famille unie. Et rien dans les sentiments évoqués ici, n'était assez violent pour justifier l'acte. Parce que pour tuer, pour mettre sur pied un crime aussi affreux, il faut un mobile. L'argent, direz-vous? C'est le seul point solide autour duquel se bâtit l'accusation. Mais ce n'est pas suffisant pour soutenir l'assassinat.

La défense le sait, le sent. Finalement, l'acquittement est peut-être possible. Tour à tour, Mes Markus Funk et Robert Assaël démontent les assertions du Ministère public. «Laisser ses empreintes, monter un scénario malhabile, faire des déclarations spontanées, est-ce là l'attitude d'un coupable? Assurément, non.» L'ambiance est tendue. «J'avais le sentiment de plaider face à une banquise, raconte Me Assaël, tant les jurés paraissaient acquis aux thèses développées pendant près de quatre heures par M. Coquoz. La tâche me semblait insurmontable.»

Et Dominique Poncet arrive à son tour avec le spectre de l'erreur judiciaire. Il ne suffit pas, argumente l'avocat, de dire qu'Alain est l'assassin parce que c'est le seul qu'on a trouvé ou parce que c'est le plus «vraisemblable». Ce ne serait pas justice de condamner ainsi. Alors si on doute, si on n'est pas certain que c'est lui, on doit l'acquitter. Purement et simplement.

Huit heures. C'est le temps que prendront les jurés pour se déterminer. Du tout au rien, le choix est vaste. Le 28 mai 1993, Alain est reconnu coupable. Mais «seulement» de meurtre, serait-on tenté de dire. Le pire est évité.

Le substitut Coquoz, dans la droite ligne de son accusation, réclame quinze ans de réclusion, soulignant «le mode sauvage et cruel avec lequel cet homme a donné la mort».

Il est difficile, pour un avocat qui a plaidé l'acquittement parce qu'il est convaincu de l'innocence de son client, de parler de sanction. Néanmoins, Me Dominique Poncet a expliqué au jury que la peine doit être «utile» et non, comme aux siècles passés, «expiatoire». Il n'est plus nécessaire de faire souffrir pour punir. «La société n'a rien à y gagner de savoir Alain en prison au-delà du raisonnable.» L'avocat a conclu en demandant à la Cour de penser à l'avenir de cet homme, de ce père de famille.

Le président Pierre-Yves Demeule et le jury ont condamné Alain à dix ans de prison.

CRIME AUX ACACIAS

Un mal de vivre héréditaire

«Je me suis fait trancher la gorge! Il faut venir...»

L'appel dramatique qui parvient au 144 est inscrit sur la main courante à 3h57, ce samedi 5 octobre 1991. Il provient d'un homme à la voix jeune. Quatorze minutes plus tard, les sauveteurs arrivés dans un petit logement des Acacias ne peuvent que constater le décès de Martin, 33 ans. La carotide a été sectionnée. La victime est décédée à la suite d'une perte massive de sang. «Dans les premiers instants, dira le médecin qui a signé le certificat de décès, cela peut gicler jusqu'à 4 mètres.» Ce qui explique l'état de la pièce autour du malheureux.

Quelques heures plus tard, la police se rend chez le père de Martin pour annoncer la triste nouvelle. Mais l'homme de 58 ans qu'ils ont alors en face d'eux porte des vêtements couverts de taches de sang. Il ne met que quelques minutes à reconnaître qu'il est l'auteur du crime.

La vie de Jean-Pierre n'est qu'une suite de dérives. Abandonné dès l'enfance, placé avec son frère jumeau, il développera une personnalité fragile et dépressive, sombrant très tôt dans l'alcool. «La vie de l'accusé est toute en dents de scie, plutôt pointues du côté du quart-monde» décrira joliment Laurence Naef dans la Tribune de Genève au moment du procès.

Actif au sein des Alcooliques Anonymes, disponible pour les autres quand il ne replonge pas lui-même, Jean-Pierre est rentier AI. Lui qui a effectué plus de quinze séjours en hôpital psychiatrique sans jamais cesser d'alterner abstinence et excès, offre volontiers son temps libre, quand il va bien, à «Portes Ouvertes», un organisme qui aide les alcooliques. À côté de cela, il peint, il écrit (comme son jumeau, auteur genevois bien connu) et il joue la comédie.

Depuis quelques années, il a un but tout trouvé à son légendaire dévouement: sortir de la dépendance à la drogue son fils Martin. Les deux hommes ont des rapports faits d'amour et de confrontations. Ils ont la même vulnérabilité. Jean-Pierre supporte mal celle de Martin, d'abord parce que c'est son fils, mais surtout parce que ce garçon qui aurait dû être une espérance n'est que le reflet de son propre échec.

L'amour paternel lui fait croire qu'il réussira là où toutes les cures de désintoxication ont échoué. Vivant jusqu'ici chacun chez soi, les deux hommes viennent de décider d'acheter une caravane pour y cohabiter, pour se rapprocher, pour être plus forts ensemble. Les choses paraissent donc s'arranger. Au soir du 4 octobre, ils vont boire un verre au Café des Amis et se quittent en bons termes.

Le drame commence quand Jean-Pierre rentre chez lui: il avait mis de côté 5000 francs français (1200 francs suisses environ) pour l'achat de la caravane. Persuadé que Martin lui a volé cet argent pour se procurer de l'héroïne, il se rend chez son fils. Le père a bu, le fils aussi. Il a, en plus, avalé méthadone et tranquillisants. Ils ne tiennent solidement debout ni l'un, ni l'autre. Le premier accuse le second, qui se défend. Ils s'empoignent violemment, mais maladroitement. Martin sort une lime et Jean-Pierre son couteau. Qui fait le premier geste? Impossible à dire, mais ce qui est certain, c'est que le couteau de Jean-Pierre finit dans la gorge de son fils. «Il est tombé dessus» dira-t-il aux policiers, avant de prétendre, pendant son procès qu'il voulait partir et que Martin s'est interposé, se plaçant lui-même en face de la lame du couteau... Quand Martin prend le téléphone pour appeler les secours, Jean-Pierre s'en va.

Le 21 juin 1993, la Cour d'assises siège sous la présidence du juge Pierre-Yves Demeule. Ce dernier a déjà eu l'occasion de croiser Jean-Pierre dans ces murs, quand il était jugé pour les petits larcins, des histoires de bagarres, de lésions corporelles. Cette fois, c'est plus grave. Il y a eu mort d'homme. Et pas n'importe lequel. Cela s'appelle un infanticide, même quand le mort allait avoir 34 ans.

Pour sa défense, Jean-Pierre a fait appel à un de ses amis d'enfance : Dominique Poncet. À voir cet homme à la barbe poivre et sel broussailleuse, les traits marqués fortement par une vie d'usure, prostré sur ce banc et derrière lui son avocat toujours impeccable, dans cette robe qui fait de lui un notable... comment penser que ces deux-là aient pu se fréquenter?

L'ambiance est lourde. On se demande si l'accusé n'a pas payé trop cher avant même de s'asseoir ici. S'il est vraiment nécessaire de juger ou de condamner. Mais la loi est la même pour tous.

Quelques témoins défilent, qui viendront décrire un fils à la dérive et un père oscillant entre des périodes de totale générosité et d'autres d'agressivité et de violence. Des policiers évoqueront les multiples scénarii de cette scène finale au milieu de la nuit, selon ce que leur a dit le père. Et puis surtout les médecins, tel le Dr Fryc, médecin légiste, qui affirmera ne pas avoir trouvé d'héroïne dans le corps qu'il a autopsié, mais de la méthadone, des calmants et de l'alcool, un cocktail qui a pu rendre la victime agressive ou incohérente. L'experte-psychiatre mandatée pour examiner Jean-Pierre lui accorde, elle, une responsabilité restreinte. « Il voyait en Martin l'image de sa propre déchéance. » Elle explique à la Cour que le prévenu est atteint d'une psychose maniaco-dépressive et souffre d'un fort sentiment de persécution et d'abandon qui remonte à l'enfance. Il est fortement déséquilibré par une alcoolémie avancée et n'avait pas la pleine faculté de se déterminer au moment d'agir.

Aux Assises

Père jugé pour le meurtre de son fils

Tribune de Genève

Manchette de la Tribune de Genève le 21 juin 1993

La représentante du Parquet, Isabelle Cuendet, ne se satisfait pas des différentes versions données par celui qu'elle considère comme un meurtrier, en écartant la thèse de l'accident. Pourtant, dira-t-elle un peu plus tard, «le fait d'avoir mis fin aux jours de son fils est une punition en soi».

«L'expiation de Jean-Pierre est quotidienne!» plaide alors Dominique Poncet. «Ce qu'il traîne derrière lui est pire que tous les boulets jamais mis au pied d'un forçat. (...) Rien ne permet de dire que ce père a porté, avec conscience et volonté, un coup de couteau à la gorge de Martin en disant je te tue et je veux que tu meures!»

Ses arguments sont appuyés par ceux de Me Robert Assaël: «Cet homme aimait son fils, il vous l'a dit. Des témoins vous l'ont confirmé. Ils envisageaient de vivre ensemble pour que Martin sorte de sa toxicomanie. Il n'y a pas de meurtre intentionnel.» La défense met les contradictions de l'accusé sur le compte du choc que lui avait causé le drame et réclame une condamnation pour homicide involontaire.

Le jury suit ces arguments. Jean-Pierre est condamné à deux ans de prison. Ayant déjà accompli vingt mois de détention préventive, c'est la liberté qui s'ouvre devant lui. Une bien pauvre liberté. «Ce souvenir atroce me poursuivra toute ma vie» dit-il au tribunal qui lui répond par la voix du président: «Il y a vingt ans, j'ai requis contre vous en tant que substitut dans une affaire assez grave. Je ne vous demande qu'une chose: ne touchez plus ni un verre, ni un couteau.» On se quitte sur ses sages recommandations et Jean-Pierre reprend bientôt une vie «en sourdine».

Le coup de tonnerre retentira six mois plus tard. La représentante du Parquet, non satisfaite par l'exposé des motivations du jury, recourt devant la Cour de cassation. Les juges tranchent en sa faveur et annulent le jugement rendu: la décision n'est pas suffisamment motivée et dénote un choix arbitraire; les juges n'ont pas explicité pourquoi une thèse a été écartée au profit d'une autre. «On ne peut, sans motivation autre que celle qui résulte d'une réponse négative et d'une réponse affirmative, choisir finalement une version qui contredit l'ensemble des versions successives présentées par l'accusé.» Il faudra donc rejuger.

Aussitôt, la presse annonce que les avocats de Jean-Pierre iront prendre l'avis du Tribunal fédéral et que c'est à Mon-Repos que se jouera le destin de Jean-Pierre.

Mais le condamné n'aura pas la patience ou la force de réexpliquer comment il a tué son fils. C'est la flèche de trop, celle qui touche au cœur sans recours possible, devant Mon-Repos ou qui que ce soit. Celle des hommes étant trop rude pour lui, Jean-Pierre préfère la justice divine: il se donne la mort le 20 avril 1994.

Pour Me Poncet, cette affaire constitua son échec le plus marquant. C'est le rare cas qu'il citait lorsqu'on lui parlait de regrets, lui qui disait toujours: «Les avocats ne perdent pas de procès, leurs clients quelquefois...» Là, l'heure n'était plus à l'humour. La détresse de l'homme et l'acharnement de la justice contre lui ont véritablement révolté Dominique Poncet. Isabelle Poncet, qui était présente pendant le procès, se souvient de l'avoir vu fortement attristé par le suicide de son client. «Il avait très mal vécu ce moment et en a souffert pendant longtemps.»

Les deux affaires que nous venons d'évoquer n'étaient séparées que d'un mois dans l'agenda de la Cour d'assises. Dominique Poncet, avec la dérision qu'il affectionnait, disait qu'à l'issue de ces deux procès, il pouvait être tenu pour un vrai «spécialiste en droit de la famille», lui qui avait accepté ces deux dossiers nonobstant sa réticence envers les cas judiciaires relevant de problèmes familiaux. L'appel de détresse de ses clients l'avaient convaincu d'accepter le défi. Il en parlait toutefois avec un humour noir et grinçant, comme pour dédramatiser.
C'est typique de la réaction compensatoire que connaissent des professions comme le barreau ou la médecine, ces terrains où se jouent parfois la vie des hommes, où l'émotion est forte et la tension énorme. Au milieu de ce carrefour de souffrances, les avocats ont parfois le besoin d'évacuer le trop plein. C'est aussi un bon moyen de dissimuler sa sensibilité, un domaine dans lequel Dominique Poncet était également passé maître...

UN GÉNIE DE VULGARISATION

Il était boulimique de savoir. La connaissance lui était une nourriture indispensable. Mais là où d'aucuns gardent jalousement leurs acquis, s'en faisant une fierté toute égoïste, Dominique Poncet aimait partager. Mieux : il avait besoin de transmettre et possédait une vraie ferveur pédagogique. L'enseignement vint donc tout naturellement. C'est dans la peau de l'enseignant que Me Poncet a avoué avoir connu les plus grandes joies. C'est à l'Université qu'il disait avoir vécu parmi les plus belles heures de sa vie professionnelle.

Entre ses propres études et sa chair de professeur, Dominique Poncet ne quitta jamais vraiment l'Alma Mater. Auteur, en 1967, d'une thèse remarquée sur l'instruction contradictoire, il était déjà l'assistant de l'éminent Jean Graven. À partir de 1972, il enseignait la procédure pénale générale ainsi que le droit judiciaire, d'abord en tant que chargé de cours, puis de professeur associé à partir de 1976. « Il était un pédagogue prodigieux ; à la fois drôle, concret et vivant » décrit le bâtonnier Michel Halpérin.

À côté de cela, il a dirigé pendant de longues années les fameux cours du mardi après-midi réservés aux stagiaires, « transformé en St Mardi, par référence au St Lundi des ouvriers du XIXe siècle » comme le relevait Christian-Nils Robert, qui fut un de ses assistants, dans le discours prononcé à l'occasion du départ à la retraite du professeur Poncet, le 30 novembre 1994. Ce mardi des stagiaires constituait un rituel hebdomadaire imposant, auquel ont participé des générations de futurs plaideurs.

Déjà en contact avec le monde judiciaire, les avocats en devenir goûtaient avec bonheur ses exposés. Ils étaient «littéralement transportés par l'enthousiasme naturel et la jovialité communicative avec lesquels (il) expliquait inlassablement les subtilités de la procédure pénale» ont écrit Alessandra Cambi Favre-Bulle et Michel Hottelier. «Dominique Poncet excellait dans l'art de transformer les problèmes juridiques apparemment les plus impénétrables en une opération simple, accompagnée du mot juste, souvent ironique ou malicieux, mais toujours digne et respectueux, ou alors de rendre passionnants les sujets les plus revêches.»

Quand il devenait ensuite leur maître de stage, l'exigence s'accroissait à mesure qu'il croyait en son nouveau poulain. Il encourageait les vocations, suscitait l'imagination, forçait à se poser des questions, favorisait la créativité et la libre expression d'une pensée.

Il affirmait qu'il fallait «tout sacrifier à la clarté». Dans leur hommage posthume, Philippe Neyroud et Gabriel Aubert ont trouvé une jolie formule: «Son éloquence était celle de la limpidité». Sa méthode était souvent bâtie autour de citations qu'il posait là comme autant d'images qui restaient mieux gravées dans les esprits. Il donnait toujours, se souvient le professeur Robert, «des exemples fameux des annales judiciaires, des anecdotes apparemment insignifiantes et pourtant toujours chargées d'un message stratégique précieux pour les praticiens.»

Dominique Poncet affectionnait particulièrement la maxime de Boileau: «Ce qui se conçoit bien s'énonce clairement et les mots pour le dire arrivent aisément.» Encore faut-il avoir ce don de vulgarisateur. Lui l'avait. Avec de l'humour, en plus, de la courtoisie et une amabilité qui donnait confiance. «Une politesse chaleureuse, précise Michel Halpérin. Il était souriant au physique comme à l'esprit. C'était un choix d'élégance.»

Combien étaient-ils, à la fin du cours, à aller lui poser encore des questions, à lui demander conseil? Il prenait tout son temps et chacun avait le bonheur de se croire seul avec lui. Quand un stagiaire s'angoissait à la veille d'une plaidoirie qu'il ne savait sous quel angle construire, Dominique Poncet répondait invariablement: «Tout se plaide!» Et il proposait des pistes, soufflait des arguments.

«Il était éblouissant. Il distillait son intelligence par une perfusion discrète sans qu'on s'en rende compte. Après une discussion avec lui, on le quittait en se sentant plus intelligent!» s'exclame Jean-Noël Cuénod.

Maurice Harari, qui n'avait jamais été son élève, a fait la connaissance de Dominique Poncet au début des années septante. Leurs racines italiennes, leur amour du football et la passion du droit les rapprocha de façon définitive. Ils travaillèrent ensemble pendant des années. Le professeur œuvrait alors à l'élaboration du nouveau code de procédure pénale et demanda à Me Harari de relire ses notes, de l'aider à finaliser son travail.

Plus tard, à la suite d'une conférence de Maurice Harari à laquelle assistait Me Poncet, l'aîné proposa au cadet de venir s'exprimer dans ses cours universitaires. Ainsi, sans que jamais un statut précis ne lui soit attribué, Me Harari – il était juge alors – a partagé certains cours avec le «professore». Il enseigne aujourd'hui à Fribourg et affirme s'inspirer régulièrement du grand maître. «Cela ne me serait pas arrivé sans lui. Je pense souvent à son approche. Il avait ce souci de toujours donner un maximum d'informations, mais surtout de se renouveler constamment. C'était ce qui faisait de ses cours un vrai festival d'idées.»

S'inspirant du droit étranger, illustrant ses concepts par des exemples toujours nouveaux et très souvent collant à l'actualité, Me Poncet donnait l'impression d'improviser au gré de l'humour et des humeurs du jour. «En fait, reprend Maurice Harari, il aimait les feux d'artifice, mais il avait une grande admiration pour la rigueur germanique. C'est le mélange de ces deux modes de fonctionnement qui en faisait un professeur unique.»

Très consciencieux, Me Poncet tenait un journal de bord de ses cours. Il y notait tout et donc y retrouvait tout. Cela permettait toujours une référence à un exemple déjà connu, à un cours déjà donné. Un système ambitieux et lourd mais très efficace.

L'exigence de l'enseignant n'envisageait même pas que l'on pût faire autre chose que de travailler. Dès lors, aux examens, la sévérité était au rendez-vous: «On ne peut pas ne pas savoir!» rétorquait-il quand on plaidait un oubli. Il corrigeait la forme comme le fond. Un «par contre» au détour d'une phrase l'énervait puissamment. Il le coupait d'un «en revanche» ne tolérant pas de réplique. Perfectionniste avec les autres comme avec lui-même.

Il attendait de ses étudiants des connaissances, mais surtout des procédés de réflexion. Et si la même erreur surgissait chez plusieurs étudiants, Me Poncet en venait à remettre en cause le cours qu'il avait donné avec une humilité totale.

Il pressentait suffisamment les vrais talents pour que, lorsque l'effort était inutile, lorsqu'un étudiant le lassait, il préférât s'en défaire élégamment. «Chez Junod, il aurait eu 2, disait-il à Me Harari. On va lui mettre 4, comme ça on ne le verra plus!»

«C'était un défricheur de pistes, conclut Maurice Harari. Il faisait partie de ces gens qui vous donnent envie de faire mieux. On ne se compare pas à lui. On croit savoir, lui, il savait.»

ر این چرندیات
بفرمائید گوش
زاری فرانسه از
وزیر خارجه‌ی
ید. آقای مرک
به تله‌ی رژیم
مذاکره دعوت
سه نفر از آنها
دو قاتلین را که
دستگیر کردیم.
رت و مصونیت
شدیم آزادش
ران پناهنده و

که در قتل او
رد را بصورت
جا گذاشته
مورد مردی
طالبی، خلبان
ط خیابان در
رسید. بدون
ودن پرونده‌ی
می‌توانم بگویم
وز اول نوشته
ن قاتلین نیز

دکتر صالح: یک نمونه‌ی دیگر
از پررویی موکل شما: دیپلمات ـ
تروریست‌های رفسنجانی یکماه
قبل از جریان دکتر کاظم در

من چیس از من سوال می‌کنی.
(رئیس دادگاه تأیید کرد).
وکیل رژیم: خُب بنویسید که
به سؤال من جواب نداد.

خانم میشل رجوی و دکتر صالح رجوی
همراه با وکلای مدافع و خانم گازو در حال خروج از دادگاه

ترکیه به یکی دیگر از مجاهدین
(رئیس دادگاه با اشاره دست و

دکتر صالح:
چنگال‌هایشان را با
گوشتم احساس می‌کنم.
اهمیتی دارد که دیده
کاظم بقدر کافی
وجودشان برایم صحب
این همان آقایی است ک
قبلی‌اش در نیویو
روزنامه‌نگار ایرانی بناه
را توسط باغبان سف
رساند و بعد هم به او
از آمریکا پاسپورت دیپ
و چندین بار هم کاظ
به قتل کرده و آخر
گفته بود: «می‌دهم
سرت بکنند».
(وکیل رژیم
گزارش‌های گالیندوپل
انگلیسی آورد و گفت
می‌شناسید.
دکتر صالح: به ز
است. ولی گزارش
خوب هم می‌شناسم.
به آنهم بحث خواه
صفحه‌ی۶۹ را
پاراگراف۲۸۸، در

Un article évoquait l'affaire dans un journal dissident iranien

L'IRAN
CONTRE «LA SUISSE»

Sans doute l'organe de presse avait-il été choisi pour son titre. Mais c'est une de ses journalistes, Myriam Gazut, qui s'est retrouvée accusée par la République islamique d'Iran d'«outrage public à un état étranger» (article 296 du Code pénal). Pourtant, elle n'avait fait que son devoir d'information.

L'article incriminé rendait compte d'une conférence de presse donnée le 25 avril 1990, soit deux jours après l'assassinat à Tannay (VD) de Kazem Radjavi, opposant au régime de Téhéran. L'épouse et le frère du défunt avaient réuni la presse pour accuser le pouvoir des mollahs d'être l'instigateur et l'auteur de l'attentat. La journaliste, comme une trentaine de ses confrères, avait retranscrit les doléances de la famille.

L'article, comme tous ceux parus le lendemain, avait déplu à Téhéran. Par voie diplomatique, à la fin de l'été, l'Iran envoyait au Conseil fédéral une plainte qu'il lui demandait de transmettre. Le gouvernement suisse, selon le code, a la possibilité de bloquer une procédure à ce stade en estimant inopportune l'ouverture d'une instruction pénale. Mais c'eut été maladroit. Pire, dira Me Poncet dans L'Hebdo de septembre 1990: «Le refus aurait signifié que traiter d'assassins les dirigeants iraniens n'est a priori pas diffamatoire. Ou alors, qu'assassins, ils le sont vraiment...» Le professeur de droit entrait alors en scène pour la défense de la journaliste.

Le Conseil fédéral a donc accepté l'action en justice en raison «de la gravité des accusations proférées», car à ce stade de l'enquête judiciaire vaudoise, les responsabilités de l'attentat n'avaient pas encore pu être établies. La presse, bien évidemment solidaire de la journaliste, a crié au scandale. La plainte avait été déposée contre «La Suisse» pour faire un exemple, le titre du journal donnant peut-être à penser qu'il était national. Mais elle aurait pu tomber sur n'importe quel autre reporter. Téhéran, attaqué, voulait se défendre en bottant en touche. L'évidence sautait aux yeux. L'affaire se retrouva donc devant le Tribunal de police au printemps suivant.

Le code l'exige: un procès de presse se déroule en deux temps. D'abord, il faut savoir si l'on autorise ou non le rédacteur à faire la preuve de la vérité de ce qu'il a allégué ou encore de sa bonne foi. C'est ce qui fut plaidé le 17 mai 1991 dans un Palais de justice déjà placé sous surveillance.

Me Claude Aberlé, défenseur de la République islamique d'Iran, s'opposait fortement à laisser Myriam Gazut faire la preuve de la vérité, estimant que cela était «impossible à faire». Mais il avait contre lui la défense ET le Ministère public. La loi lui imposant de donner suite à la recommandation bernoise, le Parquet avait poursuivi. Le procureur général Bernard Bertossa, toutefois, s'était d'entrée rangé du côté de la défense: il estimait qu'il y avait «un intérêt public évident à diffuser des informations dénonçant l'organisation de crime sur notre territoire». La journaliste avait non seulement le droit, mais le devoir de le révéler, soulignait le magistrat.

Un point pour la défense!

Me Dominique Poncet n'en avait pas besoin, qui se félicita presque de cette plainte qui était un «honneur» pour sa cliente. Être attaquée pour avoir fait son métier de journaliste, c'était avoir défendu le droit à l'information du public. «Ce procès, a-t-il dit, est méchant et lâche.» Méchant parce que l'État outragé, c'était la Suisse, celui sur le territoire duquel on s'était livré à un acte intolérable et non l'Iran. Lâche, parce qu'il était évident que Téhéran n'osait pas s'en prendre aux accusateurs (le frère, la femme, les moudjahidin du peuple), mais seulement aux rapporteurs de leurs propos. Si l'on accusait Myriam Gazut de ce fait, il fallait au moins lui laisser la possibilité de se défendre!

À ce stade déjà, dans ses conclusions, le Tribunal a relevé que la journaliste avait agi dans le cadre de sa mission et dans l'intérêt public. Une audience était alors agendée deux mois plus tard pour le jugement.

(رژیم)ایران شهود خود را از دست می دهد

La journaliste Myriam Gazut est entourée d'un de ses avocats Me Dominique Poncet (à gauche) et de Me Henri Leclerc, vice-président de la Ligue française des droits de l'homme. (Photo Murat)

روزنامه‌نگار میریام گازو با یکی از وکلای خود به‌نام دومینیک پونسه و آقای هانری لوکلرک معاون رئیس حقوق‌بشر فرانسه که در سمت راست وی دیده می‌شود.

L'affaire fut largement commentée
dans les organes de presse des moudjahidin du peuple

Au cœur d'un mois de juillet au climat lourd, le Palais de justice de Genève était transformé en place forte. On avait installé des vaubans qui canalisaient la circulation dans les murs, des agents étaient placés dans tous les recoins, les tireurs d'élite sans doute déjà embusqués sur les toits, des contrôles effectués à chaque passage. Des dizaines d'opposants au régime des mollahs campaient aux alentours, se réjouissant que leur cause soit ainsi évoquée.

C'était le 17 juillet 1991. D'entrée, la juge Chantal Manfrini énonça la volonté du tribunal de travailler dans la sérénité : « Il s'agit d'un procès de presse, pas d'une plateforme politique : nous ne sommes pas là pour faire le procès de l'Iran. » Celui-ci se déroulait déjà bien assez et depuis longtemps dans la presse et dans les couloirs du Palais…

L'Iran avait annoncé pas moins de 53 témoins qui viendraient démontrer que la journaliste n'avait pas dit la vérité. On se préparait à un fastidieux défilé sous protection policière. Et voilà que dès l'ouverture du jugement, Me Aberlé demandait que l'audience soit remise à une date ultérieure: un seul témoin était présent! Les autres ont fait, dit l'avocat, l'objet de menaces telles qu'ils ne voulaient prendre le risque de se déplacer jusqu'à Genève...

La présidente refusa le report. «Dans quelques jours, la situation ne sera pas différente et toutes les dispositions de protection des témoins ont déjà été prises. On ne peut faire plus.» Le procès pouvait donc se poursuivre.

Preuve de la vérité ou preuve de la bonne foi? La première était impossible à faire, toutes les parties étaient au moins d'accord sur ce point. Le juge instructeur du canton de Vaud chargé de l'enquête sur l'assassinat de Kazem Radjavi avait publié – en juin 1990 déjà! – un communiqué disant que «l'exécution de Radjavi a été minutieusement préparée (...), que des indices permettent d'affirmer qu'un ou des services officiels iraniens sont directement mêlés à l'assassinat.» Mais l'enquête n'avait jamais pu aboutir. La journaliste ne pouvait prouver de vérité là où la justice elle-même n'était parvenue à rien.

Restait alors la preuve de la bonne foi. Or, il ne s'agissait pas d'une enquête menée par Myriam Gazut, mais bien d'une conférence de presse publique. Cela fait une énorme différence! De surcroît, en revenant à son bureau de la rue des Savoises, la journaliste avait pris la peine de tenter de joindre différentes instances iraniennes en Suisse (consulat, ambassade, représentation à l'ONU, etc.) sans que jamais personne n'accepte de lui répondre. Elle avait aussi constitué depuis plusieurs semaines un dossier qui lui permettait de bonne foi de penser que les accusations proférées étaient crédibles.

C'est ce que plaida longuement Robert Assaël qui épaulait Me Poncet dans cette affaire.

Les témoins de la défense, eux, étaient bien là. L'épouse et le frère de Radjavi – que l'on a fait entrer dans le Palais par une porte dérobée et qui sont repartis par le même chemin – vinrent dire au Tribunal qu'ils avaient été condamnés à mort par l'Iran tout comme l'était Kazem, qu'ils réitéraient leurs propos et soutenaient la même thèse, qu'il s'agissait d'une pure et simple exécution.

Me Henri Leclerc, vice-président de la Ligue française des Droits de l'homme avait fait le déplacement de Paris pour dire qu'il ne connaissait aucun autre ennemi à Kazem Radjavi que le régime de Téhéran. Que, dans le contexte politique connu de tous – et a fortiori de la journaliste – on pouvait donc en toute bonne foi tenir pour vraies les allégations de la famille et les retranscrire en accomplissant un vrai devoir d'information.

Au moment où il semblait que les jeux étaient faits, Me Aberlé fit sortir de son chapeau des témoins de dernière minute. Sept d'entre ceux qui avaient renoncé à venir étaient maintenant en route. Un tour de magie qui ne plut pas à Me Poncet. «Vous ne pouvez pas jouer avec ce tribunal selon les humeurs de Téhéran. Ici, la justice n'est pas à sa botte!» Le procureur Bertossa, à son tour, s'opposait à cette «audition de rattrapage». Mais le Tribunal, sans doute pour conserver une totale objectivité et se garder d'un futur recours, accepta une suspension d'audience de quelques jours...

Une fois de plus, la question restait en suspens. Jusqu'au 30 juillet. On se lassait, il faisait chaud. On réinstallait les vaubans, les policiers reprenaient leur poste.

> «Dominique Poncet démontra dans cette affaire une incroyable capacité à rebondir, une grande mobilité, une grande agilité» se souvient Robert Assaël. Le dossier fut en effet agrémenté de plusieurs incidents et rebondissements.

L'audience reprit par l'audition des témoins de la partie civile. Ceux-ci furent écoutés «par politesse» pourrait-on dire. Vint enfin le temps des plaidoiries. Puisque la prévention était suffisante, le procureur avait été contraint de saisir le Tribunal de Police, mais il se gardait toutefois une libre appréciation des faits. Ainsi, Bernard Bertossa déclara: «Je ne me sens lié ni par la raison d'État, ni par l'intérêt public dans cette affaire.» Pour lui, le choix était évident. La journaliste n'avait pu apporter la preuve de la vérité mais elle avait démontré l'évidence de sa bonne foi. De surcroît, ajouta-t-il, dans un tel cas, c'est au plaignant de démontrer la mauvaise foi de celui qui accuse. Et cela n'a pas été fait.

Me Aberlé eut beau dire que Myriam Gazut aurait dû se méfier de la propagande des moudjahidin et ne pas se laisser abuser par leurs propos. «Personne ne conteste qu'il y a violations des droits de l'homme en Iran», mais ce n'était pas le propos. «Ce n'est pas l'Iran qu'on juge» ajouta-t-il.

Comme cela a été démontré au cours du procès, la journaliste avait pris toutes les précautions avant de rédiger son article. Me Assaël en a fait la démonstration avant de laisser la place à Me Poncet, toutes griffes dehors: «Il faut que ce soit la dernière fois qu'un état étranger vienne porter atteinte à nos libertés» commence-t-il, «car l'on fait ici le procès de trois d'entre elles: liberté d'expression pour Michèle Radjavi de dire qui sont, pour elle, les assassins de son mari, liberté d'information pour Myriam Gazut et la presse, liberté, enfin, de recevoir l'information, pour vous et moi, madame la présidente, comme le public en général.»

Le spécialiste des Droits de l'homme donnait la mesure de son talent. Il plaida alors sur le droit européen, en particulier sur l'article 10 de la Convention européenne de sauvegarde des droits de l'homme et des libertés fondamentales. Une première, selon lui, qui nous permettait de dépasser notre propre juridiction. «Nous faisons un procès de presse pour le XXIe siècle!» affirmait-il. «Il est insensé que nous devions passer tant d'heures pour défendre un droit qui est le nôtre! Il s'agit là d'une garantie supranationale de la présomption d'innocence, alors que, dans le Code pénal suisse, nous en sommes restés à une relative présomption de culpabilité.» Le professeur de droit voyait là un «renversement du fardeau de la preuve», puisque, dans un procès de presse, c'est l'accusé qui doit apporter la preuve de ce qu'il écrit. À l'opposé du procès pénal classique.

«Le droit à l'information est un oxygène sans lequel un pays démocratique ne peut plus respirer» conclut Me Poncet qui demanda l'acquittement de sa cliente et la condamnation de l'état requérant aux dépens de la cause.

Dans la moiteur de ce mois de juillet, des témoins iraniens croisaient dans les couloirs du palais de justice quelques-uns de leurs anciens bourreaux.

> Cela créait une tension très vive. Dominique Poncet, comme en témoigne Me Assaël, était très sensibilisé par ces curieux «regards croisés».

Quelques heures plus tard, devant une salle comble, la présidente Manfrini revint avec une décision d'acquittement. La journaliste, dit le jugement, «avait toutes les raisons de croire que les informations reçues lors de la conférence de presse étaient suffisamment vraisemblables pour être publiées.»

Devant le palais de justice, les moudjahidin exultèrent.

Myriam Gazut fut accueillie avec des fleurs, on applaudit les avocats.

La presse avait été blanchie.

La liberté avait gagné.

change, mais l'ancien étudiant y retourne toujours avec le même plaisir

«Parce que c'est un endroit chargé de souvenirs»

Caroline Zuercher

Peu habituel: pour entrer dans l'Auberge du Lion-d'Or, à Cologny, Dominique Poncet passe par la cuisine. Une coupe de champagne dans une main, il tend l'autre au maître d'hôtel. C'est que, depuis près de cinquante ans qu'il fréquente ce restaurant devenu très chic, l'avocat genevois s'y sent presque comme à la maison. Au-dessus de Genève, la terrasse ombragée et la salle à manger offrent une vue imprenable sur la rive droite de la ville, sur le Jura, et surtout sur le lac, «de Genève», ironise l'ancien professeur. Tout est superbe, léché, tranquille.

«C'est ici que j'ai passé mon examen de plaidoirie, en 1952, se souvient l'avocat, alors qu'un serveur lui remplit son verre de vin. A l'époque, c'était un baraquement. Le menu coûtait au maximum 10 francs.» Aujourd'hui, le Lion-d'Or est l'une des grandes tables de Suisse, où le menu découverte revient à 160 francs. A la carte notamment, une assiette royale de la mer en entrée, pour 36 francs, avec carpaccio de thon rouge, soupions, langoustine, rouget. En plat principal: une daurade royale braisée (65 francs) ou, dans les viandes, de la selle d'agneau d'Ecosse rôtie (52 francs).

«Je demande toujours la même table, en face du lac, poursuit Dominique Poncet. J'apprécie la cuisine, les vins et l'accueil.» Le baptême de sa fille Isabelle, plusieurs anniversaires de son épouse... Pour l'avocat genevois, cet endroit est chargé de souvenirs. «Venir ici, c'est une manière de rapprocher le passé, le présent et l'avenir. Je suis venu ici pour la première fois il y a bientôt cinquante ans, et en même temps j'ai le sentiment que cette période n'a été qu'une seconde dans l'existence.»

Auberge du Lion-d'Or, 5, place Pierre-Gautier, Cologny (GE). Tél.: (022) 736 44 32

Dominique Poncet: «Je suis venu ici pour la première fois il y a bientôt cinquante ans.» Voilà qui vaut bien une coupe champagne... Aldag

Le Matin
7 août 2000

«LOISIRS» UNE ÉTRANGETÉ DANS LE VOCABULAIRE

Toujours à l'écoute, d'une intelligence plus que fine, Me Poncet avait toutefois quelques problèmes de vocabulaire. Certains mots bloquaient sa langue comme son esprit. Il y avait: «congé», «repos», «vacances», bref, les «loisirs» en général!

Le travail était sa respiration. Dès lors, tout ce qui pouvait être un obstacle à travailler l'empêchait de souffler. Il trimbalait donc, comme par instinct de survie, ses célèbres valises. Toujours par grappes. Cinq, six, huit, selon le moment ou la distance. Elles étaient là comme une réserve d'oxygène. Chaque soir, son fils l'aidait à les monter de la voiture à son bureau privé et on les redescendait le lendemain matin, afin qu'Antonio De Moura, à l'étude, les empoigne pour les convoyer vers le bureau professionnel...

Il allait à la chasse en France avec son épouse, certes, mais avec un nombre de documents ingérable pour le commun des mortels. «Il était parti avec mon chef d'alors, Charles Knecht, pour une chasse en Alsace» se souvient Jean-Robert Warynski, «il a participé à la journée, mais ensuite, ni apéritif, ni repas: il a travaillé toute la soirée dans sa chambre!»

Un déplacement en train signifiait autant de temps disponible pour étudier des notes ou des dossiers: «Alors que nous nous rendions à la Landsgemeinde d'Appenzell avec un petit groupe d'amis, il n'avait rien moins que trois serviettes bourrées de documents avec lui pour les lire dans le train!» Jean Maye ne s'en étonnait pas. Il avait connu Dominique Poncet au Collège et passé sa Maturité en sa compagnie, en 1948. Les deux juristes avaient mené des carrières parallèles. «Il avait une obsession du travail qui confinait parfois au grotesque» jette l'ami avec tendresse. Le patron d'étude, dans la foulée, ne supportait pas mieux les vacances de ses collaborateurs qui pouvaient partir, certes, mais pas longtemps et en laissant si possible toutes leurs coordonnées…

Michel Halpérin, sur la route de Crans-Montana dans une voiture avec chauffeur en compagnie de Me Poncet se réjouissait déjà des échanges précieux qu'ils auraient en chemin: «Ce fut loin d'être le cas. Dès que nous nous sommes retrouvés assis dans le véhicule, il a sorti un énorme paquet. C'était les journaux du jour. Il les lisait, me les passait. Nous n'avons fait que cela pendant tout le trajet. Je n'avais jamais lu d'un seul coup autant de quotidiens de ma vie!» raconte l'ancien bâtonnier.

Marc Bonnant évoque, amusé, un trait classique de Dominique Poncet: «Je pars en vacances. Quatre jours, mais deux jours ouvrables seulement!» L'éloigner de son étude, de sa bibliothèque aux quelque 10'000 ouvrages revenait à le priver de sa subsistance élémentaire. Toutefois, par amour pour Éliane, sa femme, il accepta de faire des croisières. Parce qu'elle adorait ça. Et puis, disait-il par boutade, «parce qu'il faut bien que je mène mon épouse en bateau!»

Isabelle, sa fille, repense en souriant à ces premières escapades marines. «C'était avant l'ère du portable. Papa vivait un enfer jusqu'à ce que nous mettions le pied sur un quai. Là, nous allions boire un verre dans un café et nous attendions. Papa avait pris possession de la cabine téléphonique et passait en revue les dossiers en cours avec la secrétaire de l'étude et ses collaborateurs.» Chacun prenait son tour au téléphone. «Nous avions intérêt à être préparés, pour ne pas gaspiller de temps» s'amuse Robert Assaël. «Cela pouvait durer une heure ou deux…» précise encore Isabelle. Dominique Liborio, indispensable téléphoniste, était fidèle au poste à l'autre bout de la ligne. «Il m'appelait de n'importe où à n'importe quelle heure. Un jour, il me joignit chez moi pour me dire qu'il avait perdu sa carte de crédit. Il n'en avait bien sûr pas le numéro.» La gentille Dominique se précipite à l'étude, trouve les coordonnées de la carte, la fait bloquer. Quelques heures plus tard, son patron la rappelle: «Il l'avait retrouvée… dans sa poche!»

Avec un téléphone portable, les déplacements étaient grandement facilités. Munie d'un nombre de malles rappelant l'intendance de Napoléon – selon les termes de Philippe – la famille Poncet pouvait s'adonner à son plaisir: les voyages culturels. Quant il n'était pas au festival de Salzbourg avec ses amis Minkoff, il partait pour l'Italie. À Venise, principalement. Cette ville était indispensable à l'avocat. «Je pourrais mourir sans elle!» lâcha-t-il un jour, tout à son emphase méditerranéenne. Il aimait s'y promener, y boire des petits cafés, regarder la vie, les gens, voguer sur le Grand Canal et admirer les palais. «Nous allions à Torcello, précise Isabelle, Papa dégustait avec bonheur des pâtes al' pesto, un poisson grillé ou un risotto. Il appréciait les bons produits cuisinés de façon simple. Le tout arrosé de bons vins, blancs pour Maman, rouges pour lui.» Partout, il prenait des notes, recensait les bons restaurants. «Quand nous allions déjeuner chez Da Fiore, Papa arrivait avec une boîte de chocolats suisses pour le patron. On nous accueillait comme des amis.» À Paris, le patriarche était infatigable: «Il édictait un programme de visite, le faisait photocopier en réduction, et nous recevions chacun notre feuille de route», ajoute Philippe auquel ce terme vient naturellement puisqu'il est pilote.

À Genève, Me Poncet avait aussi ses «cantines» préférées: Roberto, à Rive, où il s'installait comme chez lui ou encore le Cheval Blanc, dans sa commune de Vandœuvres. Il avait un bout de son cœur au Lion-d'Or de Cologny, où il avait célébré son examen de plaidoirie, fêté le baptême de sa fille (puis son mariage, quelques années plus tard!) et emmené très souvent son épouse pour son anniversaire.

Mais il avait pour chaque ville ses références gastronomiques, en bon président de l'Association suisse des gourmets qu'il fut à une époque. «Si je lui disais je pars demain pour Katmandou, je recevais dans l'heure une liste de restaurants, de musées, d'endroits à visiter, sans oublier le guide touristique ad hoc»: tous ses proches rappellent cette incroyable curiosité de Dominique Poncet, cet intérêt pour TOUT qui le rendait si précieux pour les autres...

Le peu de temps où il ne travaillait pas, Dominique Poncet dormait. «Il arrivait même à s'endormir chez le dentiste» s'amuse Philippe. C'est vrai que tant qu'à ne pas pouvoir lire...

Quand sa femme le lui recommandait, ou quand son médecin le lui ordonnait, Me Poncet ralentissait la cadence... quelques heures. Après un multiple pontage coronarien, à l'aube des années quatre-vingt, Michel Halpérin croise son confrère et prend de ses nouvelles: «Je vais très bien, répond Dominique Poncet, je ne travaille plus qu'à plein temps!» Toutefois, bien décidé à contraindre sa santé, il fut obligé de lui faire quelques politesses. Ainsi, sur ordre de son médecin, il se mit au golf.

C'était par parenthèse, un sport qui lui convenait. Déjà, on y avait les pieds sur terre. Comme à la chasse. Car il avait essayé l'équitation avec son ami Jean Maye, à Grange-Falquet et à Versoix. Mais l'exercice se terminait plus souvent par des éclats de rire que par des galops. «C'était un fin cavalier, mais il était d'un naturel prudent qui le faisait sauter à bas du cheval devant l'obstacle...» Le juge en est certain: «Dominique n'était pas un courageux physique.» Il plaisantait assez l'avocat en lui disant: «Le cheval recule naturellement avec toi sur le dos!» L'avocat avait si rarement tâté de la course à pied que peu s'en souviennent. Son exercice quotidien et favori restait encore la promenade avec son ou ses chiens. Un animal qu'il avait particulièrement en affection: setters, teckels, king-charles, tous dressés «à la récompense»...

Au Golf de Cologny, Me Poncet avait une précieuse nounou en la personne de Jean-Michel, son professeur de golf. Les parties se déroulaient souvent avec humour et en compagnie de Philippe: «Papa était un bon golfeur. Il pratiquait ce sport avec une certaine philosophie. Il aimait faire des parcours en équipe et édictait ses règles. Il avait mis au point une formule de calculs des scores qui lui était propre et commençait toujours par l'expliquer au caddie. C'était loin d'être triste!» Avec son fils, Me Poncet pratiquait également le ski de fond, près de sa maison d'Icogne, aux portes de Crans. Usant parfois du ski-lift pour raccourcir le trajet, avait-il confessé à un ami! Encore une fois, et comme pour tout, Dominique Poncet s'adonnait à cette activité avec une grande organisation: «L'armoire du matériel disposait d'une check-list (précise le pilote, encore!) qui lui permettait de ne rien oublier avant de partir sur les pistes.»

Ballon rond

Mais le sport préféré de Me Poncet restait tout de même celui que nous sommes des millions à pratiquer dans notre fauteuil: le football. Dominique-Matteo n'aurait pas été italien sans ça!!

De son enfance en Ligurie, il gardait un sentiment pour Gênes et soutenait son équipe. Genoa connut de terribles saisons en dents de scie que l'avocat suivit avec passion. Mais son cœur transalpin battait pour l'Inter de Milan. «L'équipe de la droite, de la bourgeoisie» comme l'explique Maurice Harari qui tient depuis toujours pour l'«autre» Milan, le Milan AC, l'équipe du peuple. Celle de Berlusconi, le client de Dominique Poncet, un comble! Il n'empêche que c'est grâce à ce client patron de l'AC Milan qu'ils obtinrent un jour des billets pour une finale... que perdit l'AC! L'avocat suivait avec assiduité les matches et les résultats. Il ne manquait pas de lancer un petit coup fil espiègle à Me Harari quand l'AC avait perdu et plaisantait régulièrement avec un de ses clercs qui était «juventino».

À Genève, le cœur helvète de Dominique Poncet tenait pour le Servette FC. Fidèle, comme à son habitude, il alla jusqu'à organiser des déplacements à Berne à l'occasion d'une finale suisse. Gilles Monney, greffier-chef des cours pénales: «On était tous partis du garage de Rive. Il y avait Carlo, Jean-Marie Revaz et plein d'autres. Nous avions fait un tour à la fosse aux ours avant d'aller déjeuner au Bernerhof. Nous y avions croisé Me Sciclounoff. Dominique Poncet avait réservé un vin blanc et un repas délicieux. Dans le stade, ce fut de la folie. Contre Sion, Servette gagnait 2 à 0 à la mi-temps. Mais la deuxième partie fut terrible puisque nous avons fini par perdre 3 à 2. J'avais dans ma poche deux ou trois petites fioles de whisky. À chaque but encaissé, à chaque action dangereuse, «Domino» en avalait une rasade. Quel match!»

PROCÈS DE LA PRINCESSE RUSSE

Le dernier roun

Au bout de trois semaines de débats exténuants, tant les tensions ont été fortes au cours d'audiences interminables, tout le monde sentait le besoin d'un week-end de repos et, sans doute, en tout premier, les 12 jurés de ce procès. Las... Le président Demeule, qui, jusqu'ici, n'avait jamais montré beaucoup d'autorité, a décidé in extremis et d'un ton sans réplique que la Cour siégerait aussi le samedi.

Me Dominique Poncet, défenseur du notaire. (APPS)

Hier, donc, dans un Palais quasi désert, on a vu arriver, hâves, mal rasés et fiévreux, les jeunes avocats mêlés à ce procès — suivis plus tard par les aînés, qui avaient eu le temps de se refaire une santé. Les jurés étaient, à l'heure, fidèlement à leur poste, comme évidemment les accusés, que l'approche du moment auquel leur sort sera décidé rend de plus en plus pâles et anxieux.

Avant de donner la parole à la défense du notaire H., il faut dire un mot de la plaidoirie qu'a prononcée à une heure tardive, vendredi soir, Me Alec Reymond, qui défendait le comptable D. Il l'a décrit comme une victime — encore une! — du financier Philippe C., loyale, puisqu'il lui a confié les fonds de deux de ses amis, des personnes âgées qui ont vu fondre tous leurs avoirs dans la déconfiture de la Financial Trust. «**Mais D. n'y est pour rien, le**

le comptable, les jurés se sont
rer, hier, de rendre au notaire
son honneur perdu. Par Me As
d'abord, puis par Me Domini
cet qui a dit: «**Voilà un homr**
accuse d'usure, ce qui est i
Mais a-t-il une tête d'usurie
insensé! Il n'a fait qu'accept
être légèrement, je vous l'
750000 francs à titre d'hono
de provision — somme que
Basily — la princesse russe
elle-même fixée. Où est sa fa
n'avoir pas su résister à un
dame exigeante et autoritair
posait ses volontés à ceux qu
vaient — et pour cette ari
tous ceux qui l'entouraient
peu ou prou ses serviteurs... S
cédé est une faiblesse, ce n'es
crime. Cela méritait tout au
peine disciplinaire. De tout
cette histoire va lui coller à
pendant toute sa vie. La puni
bien suffisante...»

Priés ainsi d'acquitter tout
monde, les jurés ont été, eux,
jusqu'à lundi matin, où ils dev

La Suisse
16 février 1992

L'AFFAIRE DE LA PRINCESSE RUSSE

Les malheurs d'une vieille dame

Une princesse russe disparue à l'aube de ses 100 ans fut malgré elle la vedette d'un des plus gros procès financiers et médiatiques du début des années 90. Trop confiante avec son avocat, qui dilapida son argent avec l'aide d'un escroc, trop généreuse avec son notaire, trop âgée pour se méfier de tout, elle s'est vue délestée des 18 millions de francs qu'elle avait hérités de son mari.

D'abord une belle histoire

Lascelle était née le 16 octobre 1890. Elle épousa le prince de Basily, ancien secrétaire particulier du dernier tsar Nicolas II et qui fut, à ce titre, l'auteur de l'acte d'abdication mettant fin à la Russie impériale.

Le couple en exil s'établit aux États-Unis dont il devint citoyen. Lorsque le prince mourut, en 1978, Lascelle hérita d'une gigantesque fortune, répartie entre un trust américain et la Banque genevoise Hentsch. Huit ans plus tard, en 1986, la dame choisit de s'établir dans notre cité. Elle avait alors 96 ans, une santé déclinante, besoin de gens dévoués pour s'occuper d'elle et d'hommes d'affaires pour gérer sa fortune. Inutile de dire que les candidats se sont bousculés.

Puis une histoire de sous

Entrèrent alors dans son univers des personnages peu scrupuleux et à leur tête un avocat dont le train de vie criait son goût pour l'argent.

C'est lui qui obtint le rapatriement de New York vers Genève de l'essentiel de l'héritage de la vieille dame. L'aristocrate était de cette race qui remercie avec une générosité déclinant bon nombre de zéros avant la virgule... Les honoraires furent aussi nobles que la débitrice.

Persuadée que son avocat avait agi pour le bien de ses intérêts, Lascelle ferma ce qui lui restait de regard et fit confiance. Elle retira l'entier de ses avoirs à la banque Hentsch en argent liquide, ouvrit des comptes, signa des procurations et laissa son avocat agir à sa guise. Ce qu'il fit. Abondamment. En obtenant des donations pour lui, pour sa femme, pour ses enfants, en se servant dans les comptes sans justification, et en confiant surtout des sommes mirobolantes à un ami gestionnaire de fortune.

Ce dernier avait déjà quitté le Crédit suisse avec, derrière lui, quelques casseroles qui résonneraient bientôt comme des timbales et qui avait créé un véritable attrape-nigaud pompeusement baptisé Financial Trust. La société fut littéralement sous perfusion des deniers de la princesse, sans que personne ne réagisse. Bien sûr, la dame était exigeante parce que riche et née dans la facilité. Il fallait exaucer ses moindres caprices, à n'importe quel moment, mais au tarif-horaire perçu par ses «dévoués» amis, la charge devait revêtir le charme d'une soirée gagnante au casino...

De très gros sous

Et puis Lascelle s'éteignit un matin de 1989. Les fées qui s'étaient penchées sur son berceau lui avaient fermé les yeux avant qu'elle ne prenne conscience de la bassesse du monde. Elle est certainement morte heureuse d'avoir été si dorlotée... elle avait d'ailleurs fait un grand nombre de testaments et de codicilles en faveur des bonnes âmes de son entourage.

Mais voilà. Tout ce qu'elle avait promis n'était plus. Les quelques héritiers qui s'attendaient à entrer en possession de millions se retrouvèrent bec dans l'eau. Le peu qui restait – des dettes, on le saurait plus tard – allait être mis au nom de la dernière personne à s'être occupée de Lascelle, sa gouvernante. Irma – puisque c'était son prénom – devenait l'unique bénéficiaire des avoirs princiers! Décidés à faire valoir leurs intérêts, les héritiers marron déposèrent une plainte devant la justice. Lascelle, disaient-ils, avait été manipulée et spoliée. Ils réclamaient l'annulation de ses dernières dispositions testamentaires et une enquête sur l'état de la fortune de la princesse.

Au moment où la justice genevoise s'empare de cette affaire qui fera grand bruit, Lascelle repose déjà dans le cimetière de Baltimore, aux côtés de son époux.

Procès «Princesse russe-Financial Trust»

Plus dure sera la chute...

Aujourd'hui: EMPLOI 13 pages

LA TRIBUNE DE GENÈVE

La chute des notables

La procédure aurait-elle visé de banals gestionnaires, qu'elle n'aurait pas connu le retentissement que l'on sait. Mais lorsqu'un avocat ayant pignon sur rue, maison de maître à la campagne et Rolls-Royce devant la porte est incarcéré, la presse en fait ses choux gras, le Barreau ironise et l'homme de la rue trouve qu'il y a enfin une justice. On se fait beaucoup plus mal en tombant du douzième étage…

La chute commence donc par l'arrestation de l'avocat, le 13 juin 1990. Très vite, on réalise que l'avocat a usé et abusé de la générosité de la vieille dame. Dans son sillage, on met rapidement la main sur son ami et associé au sein de Financial Trust, un financier, justement, que guettait au tournant le Crédit suisse. La banque s'empresse de déposer plainte. Le financier et un expert-comptable de la firme sont à leur tour incarcérés. À Champ-Dollon, les paillettes s'éteignent vite.

Et le juge Jean-Louis Crochet instruit sans relâche. S'intéressant au rapatriement de la fortune américaine, il constate que pour un mandat qui aurait dû lui rapporter environ 100'000 francs, l'avocat a perçu près d'un million et demi. Il découvre alors que le notaire, présenté à la vieille dame par l'avocat, aurait touché, lui, 750'000 francs. Avocat et notaire sont alors inculpés d'usure. L'article 157 de notre code pénal réprime en effet «celui qui, en exploitant l'état de gêne ou de dépendance, la faiblesse d'esprit, l'inexpérience, la faiblesse de caractère ou la légèreté d'une personne, se sera fait accorder (…), en échange d'une prestation, des avantages pécuniaires en disproportion évidente avec cette prestation.» L'acte peut coûter jusqu'à cinq ans de réclusion.

L'avocat était déjà derrière les barreaux et voit donc la facture s'alourdir. Le notaire n'est pas emprisonné. De toute façon, son arrêt de mort est déjà signé dans la profession…

Un procès très chic

Le procès qui s'ouvre à la fin du mois de janvier 1992 provoque la ruée vers le palais de justice. Pensez! «Que du beau monde» sur le banc des accusés, comme l'écrit Anne-Marie Burger dans La Suisse, une dizaine d'avocats – parmi les plus grands ténors du Barreau – pour la défense, presque autant pour les parties civiles, un acte d'accusation de 134 pages et des pièces de procédure réparties dans 164 classeurs fédéraux!

Il s'agit pourtant d'une affaire financière qui promet des heures de décorticages fastidieux. Mais le public est là, qui se bat pour une place dans la salle. Des étudiants en droit se passionnent: «Je viens écouter Bonnant, Poncet, Warluzel, Steiner, De Preux, Reymond, etc.» disent-ils à la Tribune de Genève.

Sur le banc, se sont assis l'avocat, 55 ans, le financier, 38 ans, l'expert-comptable, 45 ans et le notaire, 41 ans. En face d'eux, Bernard Bertossa, procureur général, douze jurés dont certains ont l'air de se demander ce qui leur arrive et un président Demeule bien décidé à faire régner l'ordre.

On examine le volet «Financial Trust» (dit aussi FT), on écoute le Crédit suisse dire comment il a remboursé les clients grugés par le financier et comment la banque entend à présent être dédommagée. On passe des jours entiers à faire des calculs, à sortir des pièces, et surtout à se rejeter la faute. Entre le financier et l'avocat, la partie de ping-pong est intense. Entre leurs défenseurs également qui pratiquent ce sport depuis toujours. Quand Mes Collard et Barillon s'opposent au duo Warluzel et Bonnant, même si le sujet n'a rien d'excitant, la salle frétille de bonheur. En particulier, selon Anne-Marie Burger, les «inévitables jolies femmes qu'on voit aux procès dont on parle»!

Dans son réquisitoire qui durera près de trois heures, le procureur général Bertossa est sans pitié. Il fustige «l'appétit féroce pour l'argent» des inculpés, «pour l'argent facile, pas celui que l'on gagne mais celui qui doit vous tomber dans la main». Il rappelle que le gouffre financier de FT – n'alimentant que la fortune de l'avocat et du financier – a dépouillé, hormis Lascelle de Basily, une grande quantité de clients, des gens simples, âgés ou étrangers, «qui, ayant placé leur confiance en nos institutions, constituaient des proies faciles.» Dans le volet «princesse russe» de l'affaire, le Parquet estime que les honoraires perçus par l'avocat et le notaire n'étaient pas justifiés. Il accuse les inculpés d'avoir abusé de la confiance de la presque centenaire. Il met en parallèle la dévouée Irma, la gouvernante, contre qui une procédure a été ouverte pour usure. Beaucoup de monde a «brassé du vent» autour de la princesse, insiste le procureur.

Arrivent enfin les plaidoiries. Elles sont nombreuses et tonitruantes. Alors qu'il est chargé des intérêts de l'avocat, Me Bonnant plaide en grande partie sur le thème de l'usure. Il n'admet pas que l'on fasse de la princesse un être isolé, fragile, inférieur. Il en fait plutôt le portrait d'un être fin, parce que noble, passionnant parce que cultivé et à l'intelligence intacte. Et pourquoi l'avocat n'aurait-il pas accepté la générosité de sa cliente? Quand un ordre princier vous est donné, on obtempère... L'aristocratie de la victime sublime le talent de l'orateur, la plaidoirie flirte avec une élégance toute impériale. Que sont quelques centaines de milliers de francs quand on possède – ou croit posséder – des millions? Allons! Qu'on ne vienne pas nous dire qu'il y a là usure. La princesse était lucide, elle était généreuse, et tout ce qui a été donné l'a été de son plein gré.

Pendant des jours, la défense du notaire a fourbi ses armes. Me Dominique Poncet, à plus d'une reprise, a nié le dessein cupide que l'on attribuait à l'homme de loi. À l'ouverture du procès, il a même tenté de faire disjoindre les causes, les faits reprochés à son client ne «valant» que la Cour correctionnelle. «Il n'y a pas d'usure» avait-il plaidé cent fois, devant la Chambre d'accusation, au téléphone, dans les couloirs. «La princesse a elle-même fixé ses honoraires. Mon client lui avait d'autre part signifié dans une note que sur la somme reçue, il gardait une partie de l'argent pour un mandat ultérieur. Ce n'est pas là le comportement coutumier d'un usurier!»

À ses côtés, suivant le dossier depuis son origine, se préparait Me Robert Assaël. À l'époque, il était le «petit dernier», le nouveau talent découvert par Me Poncet, qui le propulsait à l'avant-scène après l'avoir fait avec tant d'autres. «J'étais totalement angoissé, se souvient Me Assaël. Je n'en dormais pas. J'avais répété mille fois dans ma tête la plaidoirie que je m'apprêtais à faire à côté de tous les plus grands avocats du moment. Mais je pensais être prêt, avoir construit mon discours. Et voilà que le matin même, juste avant l'audience,

Me Poncet me dit: «Bonnant a tout dit. Ne plaidez que l'absence de disproportion des prestations!» C'était totalement déstabilisant! J'y suis allé quand même, me fiant à son instinct.» Me Assaël se lance et effectue un décompte des tâches effectuées par le notaire. Au total, cela représente 1200 heures de travail, ce qui fixe le tarif-horaire à 400 francs. «C'est parfaitement légitime. Les études de notaire doivent assumer les frais généraux élevés.» Chiffré ainsi, le «délit» reproché se décolore.

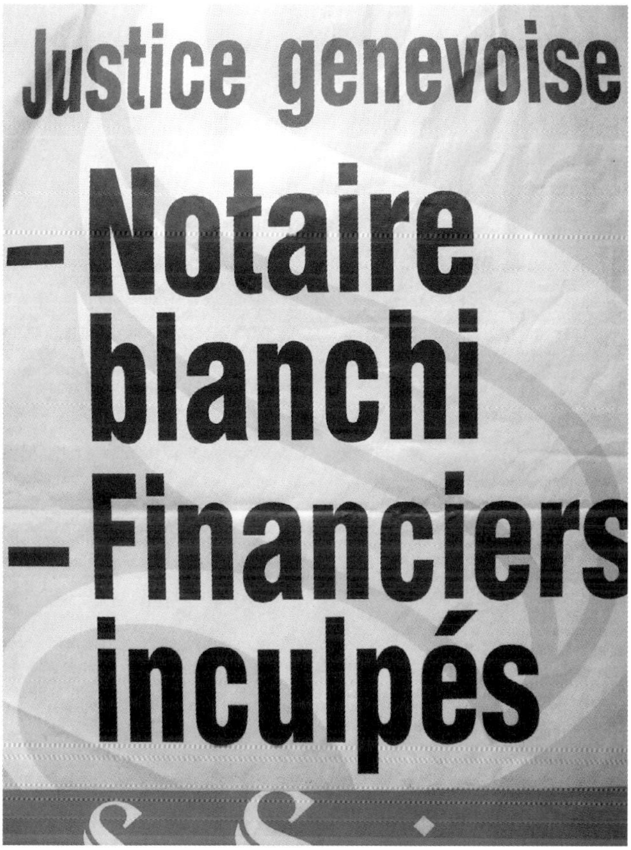

Après lui, Me Poncet se lève et annonce qu'il plaide pour un ancien élève. «C'est moi qui lui ai conseillé le notariat» explique le professeur Poncet, mettant ainsi sa propre réputation dans la balance. Il connaît un peu l'homme, il va expliquer le notaire et le montrer sous un jour noble et honnête.

«Voilà un homme qu'on accuse d'usure, ce qui est infâmant. Mais a-t-il une tête d'usurier? C'est insensé! Il n'a fait qu'accepter, peut-être légèrement, je vous l'accorde, 750'000 francs à titre d'honoraires et de provision, une somme que Mme de Basily avait elle-même fixée. Où est sa faute? De n'avoir pas su résister à une vieille dame exigeante et autoritaire, qui imposait ses volontés à ceux qui la servaient.» Avoir cédé était certes une faiblesse, concède Me Poncet, «mais cela mérite tout au plus une peine disciplinaire. Ses pairs s'en occuperont. De toute façon, cette histoire va lui coller à la peau pendant toute sa vie. La punition est bien suffisante.»

À partir de ce moment, les jurés doivent faire «du droit et non de la morale» comme le leur a demandé Marc Bonnant. Ils vont s'enfermer pendant seize heures! C'est une des plus longues délibérations de ces dernières années.

À leur retour, un verdict de culpabilité est prononcé contre le financier (qui sera condamné à sept ans), contre l'expert-comptable (qui prendra deux ans) et contre l'avocat (sept ans aussi). Celui-ci est même convaincu d'usure. Le jury a été sévère.

Mais quand il donne sa décision concernant le notaire, on sursaute: non coupable! Pas de disproportion! C'est l'acquittement! De quoi sauter de joie!

Me Poncet, qui attend toujours la décision appuyé sur le pupitre, la tête entre les mains, est resté figé sur place. Comme incrédule, alors que ce qui se passe est le résultat de son flair sans faille! Un autre, à sa place, se pavanerait peut-être.

«Derrière ses mains, confie Robert Assaël avec émotion, j'ai vu des larmes au bord de ses yeux...»

PARCE QU'IL LE VALAIT BIEN

En tant que tel, Me Poncet n'entretenait pas avec l'argent un rapport émotionnel. Il lui en fallait, et beaucoup, pour faire vivre «l'usine» de la Corraterie, puis de la rue de Hesse, son étude paquebot. Un bureau, aimait-il dire, où on était surtout «associé aux pertes»! Aujourd'hui, une étude d'avocats, si elle veut se maintenir à flots, ne peut se contenter de ne faire que du pénal. Économiquement, les dossiers financiers sont plus lucratifs que les autres. C'est une évidence.

Dominique Poncet, comme nombre de ses confrères, a donc été constitué dans plusieurs grosses affaires financières, celle dont il disait lui-même qu'elles étaient deux à trois fois plus rémunératrices que le tarif normal. Parmi ses plus gros dossiers financiers et parmi les derniers qu'il a gérés, on retiendra l'affaire Sasea (Florio Fiorini). Me Poncet y défendait le Crédit Lyonnais avec passion, comme toutes les causes qu'on lui confiait. Mais ce n'était pas sa tasse de thé.

Dominique Poncet, en cinquante ans de pratique, a vu évoluer la profession et son rapport à l'argent. «Avant, l'avocat était plus fidèle à la conception de profession libérale. Il était plus largement cultivé, très lettré; donc, avant tout, un humaniste. Issu presque forcément de la haute bourgeoisie, il tenait peu compte de l'aspect commercial, travaillant et faisant presque de l'art pour l'art, assez fortuné pour laisser les honoraires au bon cœur de ses clients. Aujourd'hui, avec des côtés encore libéraux – dans le sens de l'indépendance d'esprit, politique aussi, d'un certain éclectisme quant aux affaires qu'il traite – l'avocat est devenu un «businessman», ni plus ni moins. Je crois qu'il faut le regretter; mais serait-ce encore possible autrement?»

Farouche défenseur du secret bancaire («qui n'est autre, disait-il, qu'un secret fiscal»), Me Poncet clamait haut et fort qu'il recommandait à ses clients de placer leurs économies «loin des juges et des policiers fouineurs», aux Bahamas, à Monaco ou dans des sociétés offshore. Ils évitaient ainsi le «terrorisme judiciaire» exercé en Suisse autour de l'argent. «Un criminel normalement constitué ne met aujourd'hui plus un rond dans les banques helvétiques», disait le grand spécialiste de l'entraide. «En tout cas, à leur place, le seul pays au monde où je ne mettrais pas d'argent, c'est la Suisse! Les possibilités de recyclage sont bien meilleures à New-York ou à Londres qu'à Genève.»

Quant aux honoraires des «businessmen» en robe noire, la question était délicate. En Suisse, on avoue plus volontiers son âge que son salaire. Dès lors, pour une profession qui ne possède pas d'échelle des revenus, c'est le flou. Au sein du Barreau, c'est une nébuleuse. Doit-on facturer à la mission, à l'heure, en fonction du montant que le client cherche à récupérer? À combien se monnaye une mise en liberté, un acquittement? Subjectivité totale.

À ce sujet, la loi n'aide pas vraiment: «Les honoraires sont, sous réserve des décisions de la Commission de taxation, fixées par l'avocat lui-même, compte tenu du travail qu'il a effectué, de la complexité et de l'importance de l'affaire, de la responsabilité qu'il a assumée, du résultat obtenu et de la situation de son client.» On pourrait ajouter que la notoriété de l'avocat, son expérience peuvent aussi influencer le prix.

Chargée en 1976 par l'Ordre des avocats d'édicter des normes de référence pour l'établissement, une commission avait créé un tarif de base selon l'horaire, la valeur litigieuse («ad valorem») et le résultat. Me Dominique Poncet était de ceux qui n'appréciaient pas la tarification-horaire: «C'est l'heure de Giotto ou d'un peintre du dimanche?» demandait-il ironiquement. «Il n'en reste pas moins que ce mode de calcul est intéressant parce qu'il montre ce qu'est le coût de revient. Cela fait très vite beaucoup d'argent.»

BILAN 11/97

Blanchiment

«Les avocats sont suicidaires s'ils gèrent de l'argent»

■ Me Dominique Poncet.

La loi sur le blanchiment est sous toit; elle entrera en vigueur le 1er avril 1998. Le voir de diligence, alors qu'un gérant de fortune, par exemple, échappait à toute

Cela me paraît tout à fait juste, d'autant que face à l'obligation de diligence (la connaissance de l'ayant droit économique), même la négligence sera punissable. Toutefois, le législateur dis-

Revue Bilan
1993

Une évaluation de 1987 débouchait sur le fait que la moitié des honoraires d'un avocat servait à payer ses frais généraux. Pour des études de plus en plus importantes, ce ratio peut encore évoluer. Le professeur, lorsqu'on l'interrogeait à ce sujet, avait un réflexe très corporatif : «Nos honoraires ne sont pas perdus pour tout le monde : 40 à 50% tombent dans les caisses de l'État! Beaucoup de jeunes croient qu'ils vont travailler peu et gagner beaucoup d'argent, continuait-il. Illusion! Je leur fais parfois la morale : vous prenez sur vous les problèmes des autres. Le gros truc, c'est le travail! Le métier d'avocat ne fait vivre que celui qu'il tue!»

Après la victoire en 1965, dans un établissement genevois,
Rhadames Trujillo laisse éclater sa joie et reçoit un baiser de son épouse.
Derrière lui, on aperçoit Dominique Poncet
(Collection privée)

L'HÉRITAGE DE TRUJILLO

Le trésor des Caraïbes

Après trente ans de «règne» sur Saint-Domingue, le général Raffael Leonidas Trujillo y Molina avait accumulé une fortune estimée à près d'un milliard de francs. Il avait aussi essaimé des enfants. Sa fille aînée, Flore Des Oro, était le fruit de son premier mariage. Raffael, Rhadamès et Angelita étaient nés du second avec une épouse Martinez. Mais il y avait aussi cinq autres rejetons, issus, eux, d'une longue relation extraconjugale avec une certaine dame Lovaton. Le «Benefactor» avait commencé par déshériter sa fille aînée parce qu'elle avait tenu, alors qu'elle était aux États-Unis, des propos que le dictateur avait jugés calomnieux. Et puis, juste avant de mourir, il avait légitimé les cinq Lovaton.

Un coup d'État mit une fin brutale à toutes ses ambitions le 30 mai 1961. Ce jour-là, un groupe d'opposition de l'armée l'assassina et provoqua la fuite de toute la tribu. On entassa alors sur le yacht familial tout ce que l'on pouvait, objets d'art, bijoux, valeurs diverses. Ces biens furent ensuite placés sur un cargo en direction de l'Europe. Le trio «Martinez», seul à avoir conservé le patrimoine, plaça une grande partie de sa fortune dans des banques helvétiques. Ces avoirs étant principalement gérés par Rhadamès.

Nixon contre Poncet

Alors que des mouvements de capitaux avaient eu lieu en Amérique, à Toronto, à Miami, à Panama, mais aussi en France, au Luxembourg, au Liechtenstein, c'est à Genève que fut déposée la plainte contre Rhadamès, celle qui allait mettre le feu aux poudres.

Elle émanait des autres descendants du Général Trujillo, d'une partie de sa famille, mais également de la République Dominicaine qui s'estimait lésée. La plainte avait été déposée en juillet 1963 par la City Bank de Miami, représentée en Europe par un bureau new-yorkais d'avocats au sein duquel travaillait Richard Nixon, que l'on ne connaissait à l'époque que comme candidat malheureux à la Maison-Blanche. L'affaire, on l'imagine, ne passa pas inaperçue.

À Genève, les plus prestigieuses études d'avocats ont été mandatées: le clan Lovaton avait confié ses intérêts à Mes Brechbühl et Steiner; le clan Martinez (mère, frère et sœur) était représenté par l'étude Lalive & Budin, tandis que Rhadamès était défendu en France par l'avocat parisien Jean-Marc Denis et dans notre ville par Dominique Poncet.

Les Martinez étaient alors domiciliés à Madrid, et Rhadamès, qui venait d'épouser en France l'actrice Danièle Gaubert, faisait souvent l'aller-retour entre la capitale espagnole et Paris. C'est en France qu'il fut arrêté sur mandat d'un juge genevois. La bataille juridique commença donc devant la justice de Rouen, où les juges durent décider d'extrader ou non le fils du dictateur vers Genève. Dominique Poncet avait alors eu une première fois l'occasion d'exposer les arguments de son client devant l'instance normande. Il avait surtout insisté sur la prescription qui, affirmait-il, frappait la requête déposée à Genève. «En droit suisse, expliquait en substance le jeune plaideur aux juges français, ce type de plainte se prescrit par trois mois, le délai courant dès la connaissance de l'infraction.» Les demandes, en l'occurrence, avaient dépassé ce délai. Les infractions reprochées étaient connues depuis longtemps, ce qui était vérifiable, puisque des mesures de séquestre avaient été prises antérieurement. Après le dépôt d'une caution de 10 millions de francs, Rhadamès fut mis en liberté provisoire en août 1964. Extradé finalement en novembre 1964, il put répondre aux questions du juge Jean-Félix Baechler qui venait de reprendre le dossier à la suite du juge Curtin. Il fut inculpé de gestion déloyale, d'abus de confiance, d'escroquerie, de faux dans les titres et de recel et placé dans une cellule de la prison Saint-Antoine.

Deux jours plus tard, il comparaissait devant la Chambre d'accusation. L'instance, présidée par M. Piérard, écouta attentivement les longues plaidoiries de toutes les parties. Le Ministère public était représenté par le substitut Rémy Riat qui estimait que les investissements effectués à Genève par la branche Martinez l'avaient été à des fins de dissimulation d'un patrimoine que l'on ne voulait pas partager.

Me Poncet et Me Denis, on l'imagine aisément, n'étaient pas du même avis. La défense de Rhadamès s'articulait autour de plusieurs points. Les plaignants étant des enfants adultérins, ils n'étaient dès lors pas légitimités à intervenir ; leur reconnaissance par leur père n'était pas valable puisque non acceptée par le droit dominicain. La fille aînée avait été déshéritée par son père et ne pouvait plus prétendre à quoi que ce soit, un tribunal ayant de surcroît avalisé la décision du patriarche. Mais plus encore : les fonds investis par Rhadamès provenaient de sa fortune personnelle, acquise dès l'enfance et non du patrimoine en exil. Enfin, puisqu'il s'agissait d'une succession entre ressortissants dominicains, elle ne pouvait être jugée que par un tribunal dominicain.

Me Poncet insista, comme il l'avait fait à Rouen, sur la prescription de la plainte. Il ajouta que le juge instructeur s'était certainement laissé convaincre par la candeur feinte des plaignants. Il termina sur la valeur des revendications de la République dominicaine : si des fonds publics avaient réellement été détournés par le père de Trujillo, c'est à Saint-Domingue que cela devait être jugé et non – comme par procuration – devant la justice genevoise.

« Genève devient une ville de règlements de comptes internationaux ! » s'exclama Dominique Poncet « Il se mène ici de plus en plus de procès qui ne nous regardent en rien ! »

Les juges gardèrent le cas à délibérer et revinrent deux jours plus tard avec une ordonnance qui donnait raison à la défense sur quasiment tous les points. À charge pour les parties civiles de revenir, si elles le souhaitaient, avec des « présomptions plus substantielles » sur le plan pénal tandis que les choses se poursuivaient sur le plan civil. Rhadamès Trujillo était libre ! À sa sortie du tribunal, il se jeta dans les bras de sa jeune épouse pour la plus grande joie des photographes présents.

Un an plus tard, l'affaire réapparaissait à la Une des journaux. Entre-temps, un accord avait été conclu entre enfants légitimes et adultérins. Ces derniers avaient rédigé une lettre dans laquelle ils disaient être parvenus à la conviction que Rhadamès était innocent des faits qu'ils lui avaient reprochés et déclaraient se désister définitivement de leur constitution de partie civile, sous réserve de tous leurs droits contre les autres inculpés.

Devant la Chambre d'accusation de Genève, saisie en octobre 1965, le substitut Riat a prié les juges de demander la transmission du dossier au Parquet afin que soient prises des réquisitions en non-lieu.

«Ce procès, disait Me Poncet dans le Dauphiné du 1er janvier 1965, a été une belle démonstration de la sérénité et de l'indépendance de la justice suisse.»

Me PONCET SAUVE LA TÊTE DE LOSEMBÉ

Quand il prend le pouvoir en 1966, Mobutu est très ami avec Bantwanyele Losembé. Le Congo n'est plus belge depuis six ans. Losembé devient successivement ambassadeur, puis ministre par décision du président. L'amitié des deux hommes s'effritera lentement jusqu'à la disgrâce de Losembé, à l'aube de 1971. Il est démis de ses fonctions en son absence, le 21 février 1972. Laissant sa femme et ses sept enfants à Kinshasa, Losembé s'enfuit et trouve refuge en Suisse en juillet 1972. Immédiatement, son pays – devenu entre-temps le Zaïre – demande son extradition.

Me Dominique Poncet

Membre du collège des défenseurs de Bernie Cornfeld, l'ex-administrateur d'IOS; avocat, victorieux, de Mario Losembe, dont le président Mobutu avait demandé à Berne l'extradition; ancien conseil de Fernand Legros; avocat dans l'affaire Trujillo ou encore dans celle du gynécologue X aux consciencieux 1800 avortements, Me Dominique Poncet n'a vraiment pas besoin de publicité!

C'est lui pourtant que j'ai voulu faire parler du «métier», un peu comme ce confrère d'un journal du matin qui demandait à l'ex-inspecteur Borniche de la P.J. parisienne de parler du «milieu».

Ténor au Barreau genevois, comme l'écrivent les chroniqueurs judiciaires, mais une voix de baryton, le regard vif, ironique parfois, et le verbe fougueux, Dominique Poncet, 45 ans, fils de feu Charles, lui-même avocat, cache assez bien ses ascendances méditerranéennes dans une attention tout à coup sereine et polie. Et de répondre ensuite, peu ému par vos préjugés ni par les pièges que cachent vos questions:

– Je n'ai pas le sentiment qu'en 20 ans les choses aient beaucoup changé dans la Justice. Vu de l'extérieur, cela reste un drôle d'aquarium! La procédure est un peu moins formaliste, on l'a simplifiée. Il lui reste toutefois un aspect mystique, un côté magique, même si le public et les délinquants ne croient plus au décorum. Aujourd'hui, le juge se ... D'où compréhension sinon tolérance, ce que l'inculpé ou son avocat aurait tendance à exploiter... Mais la Justice tout à fait infaillible, équitable, personne n'y croit. Elle est celle des hommes – non celle de Dieu – donc pleine d'impondérables. Rien n'est jamais tout à fait clair, définitivement tranché, indiscutable. De sorte que peut-être tout procès ...

– Sa première réaction serait donc la méfiance?

– Exactement. Et je crois que cela est assez normal. Car, dans le contexte judiciaire, est-ce que la place interchangeable de l'avocat, son rôle – tantôt accusateur (partie civile) tantôt défenseur – sa façon de travailler peuvent donner confiance? Justement pas! L'avocat, pour l'inculpé asocial ou non, fait partie du «système»; il le croit complice du juge, le procès n'étant qu'une mise en scène. Que dire à celui qui voit à l'audience son avocat tirer à boulets rouges contre le juge... et les revoit, à la sortie, prendre un café ensemble! Et c'est tout juste s'ils ne se tapent pas sur l'épaule! Cela, le public ne le comprend pas. Selon lui, l'avocat ne peut pas être l'ami du juge et devrait être l'ennemi du ... cas, l'inculpé qui comprend que, parce qu'ils ont fait des études de droit ensemble, juges et avocats ne peuvent qu'échanger des cordialités entre eux n'apprécie guère en revanche cette sorte de paternalisme de l'avocat qui l'assure de vouloir le défendre avec dévouement et lui conjure d'avoir toute confiance en lui. ...

tel est le cas, cela me paraît un peu de la folie d'accepter une cause perdue. L'argent gagné avec le client ne comblerait pas les conséquences d'un échec professionnel. Deuxièmement, je peux simplement vous renvoyer la question. Qu'est-ce qu'une cause perdue d'avance? Je vous l'ai dit, il y a rarement dans la Justice une absolue certitude; en outre, l'opinion des tribunaux supérieurs, qui fait jurisprudence, n'est jamais acquise pour l'éternité.

Hormis, par exemple, le cas de la prescription, échéance indiscutable pour l'ouverture d'une action et qui constitue le prototype du procès impossible – ce qui ne veut pas dire que la cause aurait été perdue si l'on avait pu intenter le procès! – il est bien du rôle de l'avocat d'essayer de trouver une faille à la précédente application d'un article de loi par les juges ou de fléchir ceux-ci sur une interprétation jusqu'alors restrictive. On a vu des renversements de jurisprudence retentissants après des années d'attitude pourtant constante.

★

Le procès en Justice, en effet, c'est plus que la légalité du texte et l'égalité devant la loi. C'est un «jeu», un système de modération et d'équilibrage entre la loi et la sanction, la manifestation ou seulement une des expressions de «l'Etat de droit», comme disent les juristes, l'un des meilleurs garants de la liberté démocratique – du moins dans les pays qui peuvent se l'offrir! Voilà comment, journaliste, j'ai tendance à le définir. Mais, humble porte-parole d'une opinion publique qui, lorsqu'elle parle des avocats, n'est guère tendre, j'avais encore deux préjugés à soumettre à mon interlocuteur: Les avocats ne sont-ils pas justement les défenseurs de l'Establishment et, par là, ceux de la bourgeoisie aisée? Car, avouons-le, faire appel à l'homme de loi coûte cher!

★

Photo Daniel Vittet

l'avocat de Mario Losembe

la composition est bien celle du maître. Connaissez-vous aujourd'hui des artisans à bon marché?

★

Jolie image mais drôle d'artiste-peintre qui ce monsieur tellement «smart» malgré son langage «rive gauche» – snobisme en moins il est vrai! Discrète apparition des cocktails mondains. L'homme est séduisant. Et il séduit. Cela fait partie de son efficacité, celle de l'avocat. Sans effort, il faut le dire, lorsque, dans le pseudo-amphithéâtre de la Faculté de droit qui se prend pour la Cour d'assises, il laisse parler ses mains: ...

cevoir de la relativité des choses, obligé enfin pour travailler efficacement d'avoir une connaissance du monde des affaires. Mais à travers – peut-être – cette tendance paranoïaque, il y a une recherche d'un certain progressisme juridique. L'avocat doit avoir l'esprit critique, contestataire à sa façon, réagissant à l'injustice, à la bureaucratie... Il doit aimer partir en guerre mais sans que cela frise le don quichottisme!

Et l'amoralité?

– L'avocat d'aujourd'hui est-il le mê-

Hebdomadaire Construire
30 janvier 1974

Mais l'ancien ministre est accusé – à tort selon lui – de délits qui lui font craindre une condamnation à mort s'il rentre à la maison. Son avocat à Genève, Me Dominique Poncet, expose ses arguments en opposition avec l'extradition: l'affaire est politique, comme les accusations contre Losembé, et s'il est jugé il risque la peine capitale. Pour l'avocat, le combat est juste et la cause lui tient à cœur.

Le Département fédéral de justice et police et le Ministère public de la Confédération sont favorables à l'extradition, moyennant des garanties d'une justice équitable et la promesse que le prévenu ne soit pas jugé pour des délits politiques; s'il devait être condamné pour droit commun – prétendument le motif de la demande d'entraide – il ne pourrait l'être que pour les motifs exposés et non pour autre chose; enfin, un observateur suisse pourrait assister au procès.

Le Tribunal fédéral, après examen de toutes les thèses en présence, «admet l'opposition formée par Batwanyele Losembé contre la demande d'extradition présentée par les autorités du Zaïre et déclare en conséquence qu'il n'y a pas lieu de procéder à l'extradition.» L'arrêt est rendu le 11 juillet 1973. Dominique Poncet évoquait ce dossier parmi ceux qui avaient marqué sa conscience: «Il n'a jamais été extradé, finalement. Mais je me souviens qu'il m'avait dit qu'il se suiciderait plutôt que de devoir retourner dans son pays.»

Losembé est jugé en août 1973 par contumace et condamné à vingt ans de travaux forcés. Aujourd'hui, il a regagné sa patrie et vit à Kisangani sous un autre nom.

AFFAIRE DUVALIER

L'argent des dictateurs

La fuite en France de Jean-Claude Duvalier et de sa famille, en février 1986, après quinze ans de «règne» sur Haïti avait mis sur pied de guerre la presse européenne. «Bébé Doc» trouva finalement refuge sur la Côte d'Azur mais un juge genevois, agissant sur mandat international lancé par la justice haïtienne, trouva des fonds appartenant au dictateur sur des comptes bancaires genevois.

Par la voix de ses avocats – Mes Sauveur Vaisse en France et Dominique Poncet à Genève – Duvalier s'opposa à l'octroi de l'entraide demandée par son pays. Dans un premier temps, la Chambre d'accusation de Genève, siégeant à huis clos, rejetant le recours, confirmait la transmission par la Suisse des documents bancaires à Haïti. C'était en octobre 1988. Me Poncet recourait alors devant le Tribunal fédéral. Ce dernier, en septembre 1989, demandait à la juge genevoise Carole Barbey de prendre toutes les garanties suffisantes auprès du gouvernement haïtien concernant la procédure engagée contre les Duvalier avant de transmettre quoi que ce soit.

En août 1990, le gouvernement haïtien garantissait que les Duvalier bénéficieraient d'un jugement «normal». La procédure pouvait être close en juillet 1991. Mais voilà que le Père Aristide était démis de ses fonctions deux mois plus tard.

Me Poncet recourait à nouveau devant la Chambre d'accusation, arguant que les garanties données ne pouvaient plus être considérées comme valables. Les juges firent droit à cette demande, réclamant à la juge un réexamen de l'entraide judiciaire.

Le 14 juin 2002, le Conseil fédéral ordonnait le blocage des avoirs en Suisse de la famille Duvalier, «dans le contexte d'une clôture probable de la procédure d'entraide judiciaire». Qui n'a pas encore eu lieu.

(Collection privée)

L'AFFAIRE BORODINE

Jusqu'en 1999, Pavel Borodine fut l'intendant du Kremlin sous la présidence de Boris Eltsine. Il était alors un homme-clé du pouvoir russe et, comme grand argentier du palais présidentiel, maniait beaucoup de billets de banque, puisqu'il a géré, de 1993 à 1999 un patrimoine d'État estimé à quelque 600 milliards de dollars…

Lorsqu'il s'est agi de rénover le Kremlin, la Cour des comptes et que l'on décidait en même temps de rééquiper l'avion présidentiel, différentes entreprises furent mises en concurrence. L'immense chantier fit travailler 14'000 personnes, employées par 150 entreprises, dont 48 étrangères, au sein desquelles on comptait 20 maisons italiennes s'occupant de la décoration intérieure. Les sociétés tessinoises Mabetex et Mercata étaient au nombre des heureux mandataires.

Mais elles furent par la suite suspectées d'avoir versé des pots-de-vin à Boris Eltsine et à plusieurs de ses proches. L'un d'entre eux était Pavel Borodine, qui aurait en même temps fonctionné comme concepteur de l'importante «lessiveuse» d'argent de la famille politique entourant le président. Borodine aurait personnellement reçu quelque 25 millions de dollars versés sur des comptes en Suisse. Au cours d'une perquisition menée par Carla Del Ponte et un procureur tessinois dans les locaux des sociétés incriminées, on retrouvera des cartes de crédit au nom de Boris Eltsine et de ses deux filles.

Une action datant de 1997 devant la justice russe était à l'origine des investigations menées. Lui emboîtant le pas, la justice genevoise décernait en janvier 2000 un mandat d'arrêt international pour blanchiment d'argent contre l'ancien intendant qui était encore Secrétaire exécutif de l'Union Russie-Biélorussie.

Le procureur général genevois Bernard Bertossa prétendait alors disposer de preuves documentaires importantes (versements sur des comptes appartenant à Borodine) quant à la réalisation des éléments objectifs de cette incrimination suisse. Son but? Prouver que des fonds ont été dissimulés en Suisse, provenant d'un crime commis en Russie.

Arrestation à New York

En décembre 2000, le Parquet russe classe l'affaire. Ce qui ne décourage pas les magistrats genevois qui renouvellent leur mandat. En janvier 2001, répondant à une invitation le conviant à la cérémonie d'intronisation de Georges Bush, Borodine est interpellé à l'aéroport de New-York et incarcéré au Metropolitan Correctionnal Center de Brooklyn.

> Mes Poncet, Solari et Assaël prirent l'avion un jour de février pour rencontrer dans sa geôle new-yorkaise l'ex-intendant du Kremlin. Au retour, leurs places réservées en première classe leur auraient permis d'arriver à l'aéroport JFK quelques instants avant le décollage, mais Me Poncet, toujours soucieux de faire au mieux, actionna son personnel et le chauffeur de taxi tant et si bien qu'il fut à l'aéroport plus de trois heures avant le départ du vol retour vers Genève…

L'arrestation de Borodine provoque la colère du Consul général de Moscou à New York, M. Prokofiev, qui répète inlassablement que «l'arrestation de Pavel Borodine n'a aucune motivation. Nous demandons immédiatement sa remise en liberté.» Même discours offusqué de l'avocat new-yorkais de Borodine: «L'arrestation de M. Borodine est une provocation politique» disait-il, rappelant que celui qui occupe aujourd'hui, sous le gouvernement Poutine, le poste de secrétaire de l'Union Russie-Biélorussie n'avait pas pris la peine, en partant pour New York, de se munir de son passeport diplomatique qui l'aurait sans doute mis à l'abri d'une telle procédure.

Pourquoi la justice russe a-t-elle abandonné les poursuites?

Parce que les suspects bénéficient de protections de haut rang, accusent les uns.

Parce qu'il n'y avait pas de charges suffisantes pour poursuivre, disent les autres, et parmi eux les défenseurs de Borodine.

En mars 2001, selon un communiqué de l'agence Novosti, la vérification effectuée par la justice russe ne révélait « aucune infraction aux règles des appels d'offres, aucun cas d'exagération du montant des devis ou des volumes de travaux, aucun fait justifiant l'action en justice engagée contre Borodine selon les lois russes »

Toujours est-il que les États-Unis ne cèdent pas. Onze semaines plus tard, le samedi 7 avril 2001, ils mettent l'ancien intendant du Kremlin dans un vol de ligne vers Genève, encadré par des policiers. L'arrivée du Russe à Genève provoqua une incroyable effervescence dans les médias. Il fut tout d'abord conduit au Palais de justice pour entendre le juge Daniel Devaud l'inculper de blanchiment d'argent sale et de participation à une organisation criminelle.

Pavel Borodine entouré par ses avocats et des hommes de l'Ambassade de Russie

Se tenant strictement aux conseils de Me Poncet, Borodine ne desserre pas les dents. La loi l'y autorise. Chacune de ses paroles pouvant déboucher sur un acte de procédure ou une vérification à faire, le mieux, pour gagner du temps, est de ne rien dire. Encore faut-il y parvenir! Mais on n'a pas fréquenté les hautes sphères politiques russes sans un caractère bien trempé et Borodine s'y entend. On imagine la confiance qu'il a, à ce moment-là, en Me Poncet qui, avec Me Robert Assaël et Me Vincent Solari, accompagne l'homme d'affaires dans son premier périple genevois.

L'inculpé reste muet, mais pas ses défenseurs. Chacun de leurs déplacements est entouré par une meute de reporters. Me Poncet, plus d'une fois, laisse éclater sa colère, quand on lui demande son avis sur l'affaire: «En Suisse, nous sommes les vengeurs du genre humain! Dès qu'il n'y a pas de victime suisse ni d'auteur suisse, nous nous croyons obligés d'instruire!» La thèse de l'avocat est simplissime: on ne peut pas instruire pour blanchiment si la Russie elle-même a renoncé à toute poursuite pour corruption. Il est aberrant de retenir Pavel Borodine, puisque la justice russe a classé l'affaire et ne le réclame même pas.

Dans une interview télévisée, Me Poncet rappelle à ce moment l'exemple de Mikhaïlov, cet homme d'affaires moscovite, arrêté en 1996, accusé d'être un chef de la mafia russe, puis acquitté le 11 décembre 1998, et qui s'est vu attribuer en 2000 une indemnité de 800'000 francs, pour détention injustifiée.

La procédure, au total, aura coûté près de 3 millions de francs aux contribuables. «Les juges genevois ont voulu se donner de l'importance, avait commenté Me Poncet dans un article du Matin du 30 juillet 2000. (...) Dès le départ, on s'est rendu compte que le dossier était vide, mais ils n'ont pas voulu en démordre. (...) Si on avait des doutes sur Mikhaïlov, on pouvait le renvoyer chez lui à grands coups de pied dans les fesses. C'est à peu près ce qu'ont fait les Français qui ont été beaucoup plus intelligents que nous.» Quant au recours envisagé par le Conseil d'État, Dominique Poncet le trouve ridicule: «Mikhaïlov a été reconnu innocent et il faut respecter ce jugement. Il est inadmissible que le Conseil d'État [qui souhaite recourir contre l'indemnité] se livre à une acrobatie. C'est comme en sport, quand on perd le match, on doit saluer l'adversaire et s'en aller!»

(Collection privée)

Malade quand il arrive à Champ-Dollon, Borodine est immédiatement conduit au quartier cellulaire de l'Hôpital cantonal. C'est donc en son absence que ses avocats demandent à la Chambre d'accusation, le mardi 10 avril, de le libérer. Ce jour-là, la plaidoirie de Me Poncet dure plus d'une heure. C'est assez rare devant cette instance. «Ne vous laissez pas impressionner par toutes ces caméras, dit-il aux juges. Vous examinez ici une banale affaire de corruption, une affaire de blanchiment punie par une peine maximum – et ce ne sera pas le cas – de 3 ans de prison. De surcroît, vous n'avez aucune preuve que l'État russe a été lésé. Or, sans crime en amont, pas de blanchiment en Suisse!» Mais comment Dominique Poncet explique-t-il les versements effectués sur les comptes de Borodine dont le Parquet dit pouvoir fournir la preuve?

Les sociétés tessinoises, d'après l'avocat, ont en fait cherché à dissimuler cet argent au fisc suisse en les faisant passer pour des commissions.

Bernard Bertossa en personne est venu soutenir le maintien en détention de Borodine. «On vous parle d'un crime «punissable» à l'étranger, et non d'un crime «puni». Il faut garder le prévenu en prison afin de pouvoir l'entendre» dit en substance le procureur général. Mais auparavant, Me Poncet a démontré que l'enquête risquait de se heurter à des obstacles aussi nombreux qu'insurmontables, et que l'on pouvait craindre qu'elle durât longtemps.

Peut-être alors le «syndrome Mikhaïlov» joue-t-il un rôle dans la réflexion des juges? Ils reviennent en tout cas avec une décision de libération sous caution. C'est une victoire totale pour la défense.

Toutefois, pour ressortir libre, Borodine devra s'acquitter du versement de 5 millions de francs. La somme est immédiatement réunie en espèces et versée à la Banque cantonale avant la fin de l'après-midi. Quand Me Poncet est interviewé par la TSR à sa sortie du tribunal, et qu'on lui demande comment il va transporter tout cet argent, il répond avec décontraction: «Vous savez, 5 millions, ça tient dans un petit sac...» Et quand on se demande d'où viennent les fonds: «Ce n'est pas [Borodine] qui paie, explique encore Me Poncet à la télévision le soir même, c'est la Fédération de Russie. Elle est, je crois, suffisamment solvable, pour payer un montant substantiel.»

> C'était le jeudi saint. Il fallait faire vite. Le greffe ne pouvait prendre le risque d'accepter une telle somme à la veille de jours fériés et les banques étaient sur le point de fermer. L'argent, dans son cabas de supermarché, fut convoyé dans la voiture privée de Me Assaël, Me Poncet à ses côtés. Ce transport revêtait d'ailleurs une allure exceptionnelle: Me Poncet refusait de se déplacer vers le palais de justice dans le même véhicule que son collaborateur, afin qu'en cas d'accident, l'un des deux au moins puisse assumer le mandat qui leur était confié...

On se demande, à présent, si Pavel Borodine reviendra à Genève pour y être jugé. Quand on pose la question à Dominique Poncet, il offre une de ses légendaires réparties: «Vous savez, le seul qui ait des certitudes, c'est Dieu! Et je ne prétends pas me substituer à lui.»

De fait, Borodine reviendra à plusieurs reprises assister à des audiences au cours desquelles il ne sera pas plus bavard que d'habitude. Devant toute la presse qui s'est à nouveau déplacée en nombre, Dominique Poncet, avec humour, recadre l'affaire dans son juste format: «Il s'agit d'une infraction banale, dont la peine menace peut être comparée à celle d'une rixe dans un café ou à l'acte qui consiste à appeler les pompiers pour rien!» On lui oppose alors que ce n'est pas l'avis du procureur général. Aristocratique, Me Poncet sourit: «M. Bertossa a tout à fait le droit de ne pas être d'accord avec moi!»

Finalement, Pavel Borodine fait l'objet d'une simple ordonnance de condamnation prononcée par le procureur Bertossa en mars 2002. L'ex-intendant se voit infliger une amende de 300'000 francs pour blanchiment, qui reflète «la faiblesse évidente du dossier» déclare Robert Assaël à l'Associated Press. La montagne a donc accouché d'une souris.

Dans cette affaire, Me Poncet fut un tacticien hors pair. En recommandant le silence à son client, il préconisa LA meilleure défense possible. Déjà très atteint par la maladie, il a conduit ce dossier avec une énergie hors du commun, dont on peut se demander où il allait la chercher. Ses collaborateurs se souviennent qu'il sortait de l'hôpital quelques jours avant une audience importante. Faisant fi de sa santé, il passa un dimanche entier avec Mes Vincent Solari et Robert Assaël à préparer la joute à laquelle il allait se livrer, tester ses arguments à l'aune de la contradiction. Oubliant les barrières de hiérarchie ou de génération, le professeur acceptait totalement de se mettre en difficulté pour peaufiner sa préparation. Le dossier Borodine fut la dernière affaire importante qu'il géra dans son ensemble. Comme une ultime démonstration de son immense talent.

économique

Abacha, Salinas, ukrai-
comptes bloqués par les
genevois représentent
e 2 milliards de francs,
ux. On comprend donc
ces mesures soient prêtes
ent leurs avocats pour
eur argent, et bien plus
ils parviennent à déblo-

le mise sur ces questions
ocats concernés admet-
as sur la paille: *«Dans
'agit d'un travail lucra-*
Halpérin, ancien bâton-
*ent, ils sont clairement
e les crimes de sang»*,
tuel bâtonnier. Plus pré-
et affirme que dans de
unération est *«deux à
e le tarif horaire usuel»*
n confrère estime qu'il
r ce chiffre par dix ou
ent, un avocat qui dési-
l'anonymat déclare
*ndant une semaine de
t facturé entre 100 000*
uant aux juges, qui ont
onnaissance des hono-
rs des documents ban-
les estimer *«considé-*
out, en cas de succès,
nt prévoit, comme c'est
ment d'une part de la

tous

*e que nous rendent les
st de remplir leur por-*
ner et amusé, un juge.
judiciaire du procu-
ertossa, qui a mis l'ac-
: la criminalité écono-
xplique en grande par-
res de blanchissage ou
tudes genevoises: *«Les
ù les procureurs atta-*
de Preux, bâtonnier et
de Mabetex Behgjet

DOMINIQUE PONCET Le professeur de droit a été parmi les premiers à s'intéresser à l'entraide judiciaire.

tée de n'importe quel tâcheron», reconnaît
Charles Poncet, qui a participé en tant que

ment la coutume de se réunir certains
dimanches après-midi chez Dominique Pon-

L'Hebdo
19 octobre 2000

LE REFUGE ET L'ENTRAIDE

«Vous avez eu la passion de la défense pénale et de l'enseignement et vous avez été visionnaire, explorant les possibilités qu'offrait la Convention européenne et faisant découvrir aux juristes de ce pays le droit de l'entraide internationale» a dit le bâtonnier Pierre de Preux en remettant à Dominique Poncet la médaille Bellot en 2001.

Fonds Marcos, Duvalier, Trujillo, affaires Borodine, Berlusconi, Vileda, Pinochet, Losembé ou Papon: Me Dominique Poncet a été un des premiers spécialistes des questions d'entraide dans notre pays. Très vite, des personnalités étrangères lui ont confié des dossiers importants qui lui ont conféré dans ce domaine une renommée internationale.

Il fut de (presque) tous les dossiers, son avis était fréquemment consulté.

Le bouillant défenseur des droits de l'homme avait au sujet de l'entraide des avis tranchants. Son pire contradicteur fut incontestablement le procureur général genevois Bernard Bertossa pour qui la criminalité économique était le fléau à abattre, le blanchiment d'argent en particulier.

Il aimait à dire que les avocats pratiquaient plus «l'entrave» que «l'entraide»...

Dénonçant bien sûr le blanchiment d'argent sale, Me Poncet estimait toutefois que la justice y perdait son temps. Diogène, rappelait-il volontiers, a dit que la justice était à usage local. «Si on avait mieux utilisé les policiers mobilisés pour Mikhaïlov, disait-il en juillet 2000, on aurait peut-être arrêté davantage de cambrioleurs ou autres délinquants.» Et puis il poursuivait: «Une justice bien ordonnée devrait commencer par son pays et ses propres affaires. Dans l'existence, il faut respecter les hiérarchies. De plus, tout cela coûte très cher, tant en argent qu'en énergie.»

Mesurant le poids de cette criminalité étrangère, l'avocat se demandait alors s'il était «vraiment indispensable de consacrer encore des forces vives de notre police et de nos magistrats à la poursuite d'infractions qui, elles, n'ont pas été commises en Suisse, dont les victimes ne sont pas suisses, ni les auteurs, lesquels ni n'habitent dans notre pays, ni ne devraient y être jamais jugés.»

Pinochet ou Papon

Cela lui valut, d'ailleurs, de qualifier la demande d'extradition de Pinochet vers Genève de «gesticulation»! «Il faut toujours que Genève se singularise d'une manière ou d'une autre...» Si nous avions vocation à devenir les vengeurs du genre humain, ajoutait-il en substance, il faudrait poursuivre d'autres dictateurs et ne pas sortir le tapis rouge lorsque Fidel Castro nous rend une visite officielle. Me Poncet regrettait cette nouvelle «guerre sainte», cette façon helvétique de rendre une justice qu'il qualifiait volontiers de «virtuelle».

Il fustigeait cette «foutue crainte que nous avons, nous Suisses, de ne pas donner une bonne image de nous-mêmes!» Prenez l'affaire Papon. L'homme n'était sympathique qu'à un tout petit nombre. Mais quand il fut retenu en Suisse, son avocat – Me Poncet – s'insurgea contre une décision qui tenait plus de la politique que du droit. «Si l'homme peut être satisfait (de l'arrestation), le juriste ne l'est pas» insistait-il. Le crime contre l'humanité n'existe pas en droit suisse. Impossible, donc, de retenir le délit pour arrêter ou extrader un Papon, quel qu'il soit.

Si le législatif estime devoir le punir, il fait une loi. Que le judiciaire applique. Mais l'exécutif ne peut se substituer au judiciaire, avait déclaré Me Poncet dans l'affaire Papon. «C'est un précédent dangereux.»

Un crime impuni par le code pénal, en profite pour expliquer le professeur, ne signifie d'ailleurs pas qu'on l'approuve. «Un code pénal n'est pas un code de bonnes manières, ni un code moral, ni même un code de la route. Il est là pour sanctionner un certain nombre de comportement. Qu'un comportement ne figure pas dans la loi ne signifie pas que le législateur l'approuve ou, pire, qu'il l'encourage.»

«Genève comme la grenouille de la fable»

Docteur en droit, professeur et avocat au Barreau de Genève, Me Dominique Poncet critique la «guerre sainte» menée par certains magistrats. Interview

Genève
Hélène Bourrit

«Cessons de vouloir rendre la justice pour le monde entier. Nous ne sommes pas les vengeurs du genre humain.» Docteur en droit, professeur et avocat à Genève, Me Dominique Poncet déplore la tendance actuelle qui consiste à privilégier les affaires internationales et médiatiques. Artisan du Code de procédure pénale genevois et de la loi sur l'entraide, Me Poncet estime que certains magistrats prennent «des libertés avec la loi». Le juge doit appliquer la loi et ne pas se transformer en législateur, affirme-t-il.

— **La lutte contre la corruption menée à Genève est-elle utopique?**

— Il s'agit d'une nouvelle guerre sainte qui a ses ayatollahs. C'est très gentil de vouloir poursuivre en Suisse la corruption commise à l'étranger. Mais comment faire des affaires dans certains pays sans verser des commissions? C'est impossible. Alors que font les sociétés suisses? Elles ouvrent des comptes à l'étranger.

— **La justice privilégie-t-elle les dossiers à connotation internationale au détriment des affaires genevoises?**

— Diogène a dit: «La justice est à usage local.» Une justice bien ordonnée devrait commencer par son pays et ses propres affaires. Dans l'existence, il faut respecter les hiérarchies. De plus, tout cela coûte très cher, tant en argent qu'en énergie. Prenez Mikhaïlov. Quelle infraction a-t-il commise en Suisse dès le moment où le blanchiment ne pouvait pas être retenu contre lui? Au lieu de lui intenter un procès et de l'acquitter, on aurait mieux fait de le mettre à la porte, comme l'avaient déjà fait les Français.

— **Les demandes d'entraide en matière financière sont systématiquement doublées d'une enquête nationale à Genève, qu'en pensez-vous?**

— Les procédures nationales ouvertes en blanchiment sont au service des procédures internationales et de l'entraide. Les enquêtes locales aboutissent rarement. On ne connaît pas beaucoup de condamnations pour blanchiment. On instruit pour instruire. On fait presque de la justice virtuelle. Encore une fois, combien est-ce que cela coûte à l'Etat, au contribuable et aux banques? Il ne faut pas oublier que la Suisse a décrété que nous ne ferions pas payer l'entraide, sauf cas exceptionnel.

— **Pour les délits financiers, l'entraide doit-elle être accordée quel que soit le pays qui la réclame?**

— Si la procédure dans l'Etat requérant présente des «défauts graves», elle peut être refusée. Souvent, l'entraide est accordée tout en sachant que les bénéficiaires ne sont pas dignes de la recevoir et sans savoir quel usage ils vont en faire. On ferme les yeux. Pour certains magistrats, la criminalité économique est un combat comparable à celui des juges de l'Inquisition qui luttaient contre l'hérésie. La fin justifie les moyens. Ils considèrent les dispositions qui protègent le justiciable comme des entraves.

— **Que vous inspire la demande d'extradition de Pinochet déposée par Genève?**

— C'est de la gesticulation. Genève [illegible] peut pas ne pas être dans le coup da[illegible] une affaire comme celle-là, alors on [illegible] transforme en grenouille de la fable. [illegible] faut toujours que Genève se singulari[illegible] d'une manière ou d'une autre. Si l[illegible] Chiliens ne veulent pas juger Pinoche[illegible] on ne peut pas le faire pour eux. Si l[illegible] Anglais refusent de l'extrader [illegible] Espagne, ils ne vont pas nous le [illegible]mettre.

Me Dominique Poncet. «Une justice bien ordonnée devrait commencer par son pays et ses propres affaires.»

Le Matin
1er novembre 1999

Mobutu et Marcos

Dans une interview radiophonique, en juin 1997, Me Poncet était questionné à propos des fonds Mobutu qu'il s'agissait cette fois de bloquer. Bien que l'ayant combattu à l'époque de Losembé, l'avocat souhaitait pour l'ancien dictateur un traitement équitable. À nouveau, il s'élevait contre toutes les suspicions qui entouraient le dépôt de fortunes «sales» sur notre territoire. On faisait, disait-il, un faux procès aux banques. «Indépendamment de toute considération morale, les banques n'ont aucun intérêt à protéger les avoirs de Mobutu. On peut être certain qu'elles ont très exactement déclaré tout ce qu'elles connaissaient. Et puis je crois qu'il faut que l'on cesse une fois pour toutes de transformer nos banquiers en des receleurs qu'ils ne sont pas.» Me Poncet critiquait alors vertement la saisie des biens Mobutu avant même le dépôt d'une requête zaïroise. «Il y a une procédure et une loi sur l'entraide, je ne vois pas pourquoi on n'attend pas que des demandes soient adressées en bonne et due forme. Nous sommes toujours les premiers à nous mettre en avant.»

Le discours est identique, de Trujillo à Borodine. Dominique Poncet n'aimait pas que l'on s'érige en justiciers du monde. Il supportait mal ce qu'il appelait «l'auto-flagellation» des Suisses.

En 2003, alors qu'il défend les intérêts de la famille Marcos, cherchant à empêcher le retour vers les Philippines de quelque 680 millions de dollars, Me Poncet met à nouveau dans la balance le droit de chacun à un procès équitable et la restitution d'une fortune dérobée à un peuple. Quand le Tribunal fédéral autorise la libération des millions bloqués dix-sept ans plus tôt par la justice helvétique, les défenseurs de la famille Marcos déposent un recours.

Mes Bruno de Preux, Alessandra Cambi et Dominique Poncet demandaient la suspension de cette décision, estimant que la procédure de confiscation menée à Manille n'était «ni terminée, ni conforme aux principes élémentaires garantissant un procès équitable» l'Office fédéral de la Justice, soutenait Me Poncet, s'était basé sur des renseignements trop sommaires délivrés par la République des Philippines.

Et quand un journaliste lui rétorquait qu'il s'agissait tout de même d'un argent pillé par un dictateur et lui demandait si ça ne le dérangeait pas de se battre pour ça, Dominique Poncet avait une réponse toute prête: «Si on se pique de donner des leçons aux autres, en exigeant des garanties, il nous faut au moins faire les choses en respectant les règles.»

FONDS DUVALIER

Haro sur l'entraide !

Séance à huis clos de la Chambre d'accusation de Genève. Les nombreux avocats de Jean-Claude Duvalier, dont Me Dominique Poncet (photo Gassmann), ont plaidé contre l'entraide judiciaire, accordée par le juge Carole Barbey.

Page 39

PUBLICITÉ

La Suisse
8 octobre 1988

Avec sa fille Isabelle

LA SOURCE,
LA FORCE ET LA PUDEUR

«N'oubliez pas que la famille, c'est ce qu'il y a de plus important» se plaisait à répéter Dominique Poncet. À ses secrétaires, à ses collaborateurs, à ses amis. C'est ce qui nous fonde, ce qui nous tient. C'est la certitude d'être aimé.

Dominique Poncet aimait qu'on l'aime. «Ça vous donne des globules, de l'oxygène. Si vous ne sentez pas cela, vous avez de la peine à respirer» expliquait-il à Michel Noverraz dans une interview accordée au Matin de février 1997, à qui il confiait par ailleurs que sa femme était l'être qu'il aimait le plus au monde. Éliane, fréquentée depuis le milieu des années 1950 et épousée en 1967, le lui rendait bien. Mais restait dans l'ombre. Sans elle, l'avocat avouait qu'il ne serait pas devenu celui qu'il était. «Ma femme est une sainte!» répétait à l'envi l'éminent professeur. Dorloté, tout d'abord, secondé dans mille activités dont il fallait organiser l'intendance, et rassuré parce qu'elle veillait à leur immense maison et à leurs deux enfants. Isabelle en 1970, puis Philippe en 1974, sont en effet venus compléter le bonheur du couple Poncet.

Malgré ses multiples activités, Dominique Poncet savait préserver des «fenêtres» de temps pour sa famille. «Nous mangions régulièrement ensemble» se souvient Isabelle. Le repas du soir était un rituel, Papa aimait quand nous nous lancions dans de grandes discussions et que le repas se terminait «à l'italienne», c'est-à-dire avec beaucoup de bruit!» Plus tard, quand il se mit au golf avec la complicité de Philippe, le père et le fils profitaient de ces moments pour partager leur humour. «On s'amusait beaucoup.»

Dans la dynastie Poncet, faite d'avocats depuis trois générations, on pouvait croire que Dominique aurait vu avec bonheur son fils épouser la tradition. Et ce fut sa fille! Isabelle qui, à la suite d'une injustice dont elle fut le témoin dans son école, se décida à porter la robe. Isabelle qui vécut ses études avec ténacité, parce que ce n'est pas toujours facile d'être «la fille de». «Je pense toutefois que ce fut plus facile que si j'avais été un garçon. La comparaison était moins évidente avec mon père. Le regard n'est pas le même. Alors, bien sûr, j'aurais pu aller faire mon stage dans une autre étude. Mais je savais qu'ici j'apprendrais bien.»

A-t-elle eu l'impression de bénéficier de faveurs? «Pas du tout. C'était un mélange de facilité et de formation à la dure. Il était aussi exigeant avec moi qu'avec les autres.» La fille fut une «petite main» dans de multiples affaires, dans l'ombre de son père. Elle a tout observé, beaucoup appris. L'essentiel? «Il m'a enseigné que l'on est les avocats de tout le monde.»

Isabelle fut aussi assistante en droit pénal à l'Université et ce, pendant cinq ans. Dans ce domaine, elle put également bénéficier des conseils de son père, s'inspirer de la simplicité de ses explications et de son attitude d'enseignant. Le professeur conseillait, le père accordait des «petits bravos» dont Isabelle savait décrypter l'exacte valeur...

Dominique Poncet, nous l'avons dit, ne s'épanchait pas. Les déclarations d'amour n'étaient pas son fort. «Il n'exprimait pas ses sentiments» dit Isabelle. «Il fallait deviner. Cela se ressentait plus que cela ne se disait.» Il était excessivement pudique. «On avait de la peine à lui dire qu'on l'aimait» complète sa secrétaire. «On ne l'a jamais vu se plaindre. Même lorsqu'il était malade.» Si quelqu'un a parfois aperçu quelques larmes de découragement, c'était quand la maladie, décidément, ne voulait pas marquer le pas, quand les résultats médicaux venaient régulièrement piquer l'homme de leurs funestes prévisions.

L'homme était sensible. Émotif. Il était un formidable grand-père pour Antoine et Juliette, les enfants d'Isabelle. Leurs naissances l'avaient comblé de joie. Il avait un bonheur immense à montrer ce que faisaient les siens. Ainsi, lorsque Philippe passait à l'étude pour le saluer, Dominique Poncet l'emmenait faire le tour des bureaux, heureux de présenter à tous «le seul de la famille qui ait bien tourné!» Philippe, ingénieur en aéronautique et puis pilote, est de surcroît capitaine à l'armée. Ce grade avait empli son père de fierté. Ce d'autant que lui-même, à la suite d'une insubordination – il avait engueulé (sic) un officier – n'avait même pas obtenu le grade d'appointé! «Il aimait me donner des nouvelles de ses enfants, se souvient Jean-Robert Warynski. Quand son fils avait obtenu ses galons de capitaine, il m'avait appelé pour me le dire. Il était tout content!»

Sa famille, Dominique Poncet l'avait étendue à tous ceux en qui il avait foi. Un groupe hétéroclite de gens qui tous, sans exception, nous ont dit la disponibilité de l'ami, sa fidélité surtout. Cette manière qu'il avait de prendre du temps pour eux, d'être à leur écoute, c'était sans doute sa manière à lui de leur dire qu'ils comptaient pour lui, qu'il les aimait. Dominique Amaudruz, son associée, qui a travaillé trente ans à ses côtés, le décrivait comme «un homme de cœur autant que d'intelligence» qui montrait plus de souci envers autrui qu'envers lui-même.

Il ne réclamait rien des autres, ne savait que donner. Pourtant, un triste matin de juin, il a empoigné son téléphone pour demander un ultime service à son ami Bonnant: «Je suis désolé de te déranger, mon petit vieux, mais j'en ai pour 24 heures.» Me Bonnant, pourtant jamais pris en défaut lorsqu'il s'agit de plaider l'impossible, a brassé des banalités. «Je n'ai pas beaucoup de temps, et toi tu n'en as pas» a coupé Me Poncet. «J'aimerais que tu t'exprimes à mon enterrement.» Y a-t-il une parole sensée à répondre à cela? L'avocat, perfectionniste jusqu'à l'impensable, organisait alors son propre ensevelissement! Pour que tout soit parfait, jusqu'au bout, mais surtout parce qu'il ne voulait pas que le poids d'une tâche si difficile incombe à ceux qu'il aimait. Il avait dicté son avis mortuaire à Mme Tronchet qu'il avait rappelée jusqu'au matin de sa mort, le 16 juin 2004, pour faire quelques corrections, comme il avait indiqué ce matin-là à sa fille Isabelle quelques détails à régler dans quelques dossiers.

«J'avais le sentiment qu'il mourait à l'antique» dit Marc Bonnant, «puisque l'inéluctable est inéluctable, autant en faire un dernier acte de liberté.» Les détails de la cérémonie – agendée un samedi, selon la volonté du défunt pour ne déranger personne – ont ainsi tous été réglés par Me Poncet qui alla jusqu'à prier son ami Bonnant de ne pas lasser l'auditoire en lui tressant trop de couronnes ou en parlant trop longtemps. À l'impossible, nul n'est tenu. L'ami fut fidèle et parla longuement, dans l'église Sainte-Thérèse, en ce lugubre samedi après-midi de juin, et devant une église pleine à craquer, de l'être exceptionnel auquel on disait adieu, de celui qui recueillait l'éloge de tous. «Même des étriqués, même des avaricieux de cœur.»

Beaucoup de disparus sont irremplaçables. Lui l'est encore plus que d'autres. Il manque désormais à tous ceux qu'il avait réunis dans cette famille créée autour de sa formidable personnalité. Il continue à inspirer, à guider, à donner, au-delà de la mort, des leçons de générosité. Dominique Poncet n'a jamais su compter.

Ce qui fait dire à Jean-Noël Cuénod: «On est pris de remords de n'avoir pas assez rendu.»

Veyrier, le 27 juillet 2006

Complicité professionnelle avec Isabelle
(Collection privée)

REMERCIEMENTS

L'auteur tient ici à remercier tous ceux qui ont collaboré à cet ouvrage, par des entrevues, la mise à disposition de photographies, le prêt de documents, la confidence d'un souvenir ou d'une émotion. Ils sont trop nombreux pour les citer tous. Qu'ils sachent que sans leur aide le présent hommage n'existerait pas.

Car il s'agit bien d'un hommage, réalisé en trois mois de travail seulement. Il est écrit sous une forme rappelant la chronique judiciaire que Me Poncet affectionnait tant. Loin de la biographie exhaustive, il se veut simplement un rappel de l'imposante présence de l'avocat devant nos juridictions genevoises, de son amour pour son métier, de sa passion du combat pour la liberté.

Merci à ceux qui ont décidé de lui faire cette révérence et merci à Dominique Poncet, dont la gentillesse, les conseils avisés et le soutien fidèle, permirent à l'auteur de ces lignes de percevoir la justice comme une vraie comédie humaine dans laquelle il existe une réelle noblesse, celle de défendre.

Dominique Poncet et Corinne Jaquet

BIBLIOGRAPHIE

Dominique Poncet, *Le devoir de défense*, tiré à part de la «Semaine judiciaire» 1990, Genève.

Jean-Noël Cuénod, *De l'assassinat de Sissi à l'acquittement de Mikhaïlov, Un siècle de procès à Genève*, Éditions de la Tribune de Genève, 1999

Jean-Noël Cuénod, *Échec aux juges, L'affaire Crédit Lyonnais-Sasea*, Éditions du Rocher, 1999

Encyclopédie de Genève, Volume n° 4, Chap. 4, pp. 183-184

Lettre du Conseil de l'Ordre des Avocats (ODA), juillet 2004

Revue trimestrielle des droits de l'homme, n° 60, 1er octobre 2004, pp. 837 à 839

TABLE DES MATIÈRES

Achevé d'imprimer en 2006
sur les presses de l'imprimerie Slatkine
à Genève (Suisse).